Umberto Pelizzari, 1965 in der Nähe von Genua geboren, ist einer der besten Freitaucher der Welt. Im Laufe seiner Karriere hat er alle Weltrekorde dieser faszinierenden Sportart erreicht und ist noch heute amtierender Weltmeister im Apnoetauchen mit konstantem Gewicht. Zusammen mit Jacques Mayol und Enzo Maiorca, den Helden des legendären Films *Im Rausch der Tiefe*, hat er das Freitauchen weltweit bekannt gemacht. Er ist mit Delfinen und Walen geschwommen, hat buddhistische Atemtechniken erlernt und so die Kunst des Apnoetauchens vervollkommnet. Heute leitet er eine Tauchschule und setzt sich für den Schutz der Meere und der großen Meeressäuger ein.

www.umbertopelizzari.com

Bibliografische Information Der Deutschen Bibliothek

Die Deutsche Bibliothek verzeichnet diese Publikation in der Deutschen Nationalbibliografie; detaillierte bibliografische Daten sind im Internet über http://dnb.ddb.de abrufbar.

NATIONAL GEOGRAPHIC ADVENTURE PRESS
Reisen · Menschen · Abenteuer
Die Taschenbuch-Reihe von
National Geographic und Frederking & Thaler

1. Auflage Mai 2005

Titel der Originalausgabe: L'Homme et la mer
erschienen bei Editions Flammarion, Paris

Aus dem Französischen von Ilse Rothfuss, München
Umschlagfotos: Fabrice Dall'Anese
Fotos Innenteil: Fabrice Dall'Anese S. 1, 3 links, 4-8;
Pelizzari S. 2; Bertasini S. 3 rechts
Lektorat: Gudrun Honke, Bochum
Umschlaggestaltung: Dorkenwald Grafik-Design, München
Herstellung: Caroline Sieveking, München
Druck und Bindung: Clausen & Bosse, Leck
Printed in Germany

ISBN 3-89405-247-3
www.frederking-thaler.de

Das Papier wurde aus chlorfrei gebleichtem Zellstoff hergestellt.

UMBERTO PELIZZARI

SCHWERELOS IN BLAUER TIEFE

Der Mensch und das Meer

NATIONAL GEOGRAPHIC
FREDERKING & THALER

Inhalt

Apnoetauchen

Apnoetauchen, auch Freitauchen genannt, ist die ursprünglichste Form des Tauchens. Ohne Pressluftflaschen taucht der Apnoist in nur einem einzigen Atemzug in die Tiefe hinab.

Die drei Disziplinen des Apnoetauchens:
Tauchen mit konstantem Gewicht: In dieser Disziplin muss der Taucher die größtmögliche Tiefe erreichen, indem er nur mit den Flossen absteigt und auf die gleiche Weise wieder aufsteigt, ohne das Seil zu berühren. Tauchen mit konstantem Gewicht ist die schwierigste Prüfung.

Tauchen mit variablem Gewicht: Der Apnoist steigt mit einem Tauchschlitten ab, der maximal 30 Kilogramm wiegen darf. Der Schlitten wird auf dem Meeresgrund zurückgelassen, und der Taucher steigt mit den Flossen auf oder indem er sich am Seil festhält, darf aber weder einen Hebeballon noch einen aufblasbaren Anzug verwenden.

No-limit-Tauchen: Hier steigt der Taucher mit einem Tauchschlitten ohne Gewichtsbeschränkung ab und mit einem Hebeballon wieder auf. No-limit ist die spektakulärste Disziplin, in der die größten Tiefen erreichen werden.

Zeittauchen: Bei dieser auch statistisches Tauchen genannten Disziplin wird im Hallenbad die maximale Tauchzeit ermittelt, die der Apnoist mit einem Atemzug unter Wasser bleiben kann. Statt vollständig unterzutauchen, liegt der Taucher meist auf der Wasseroberfläche, das Gesicht unter Wasser.

Der Ruf des Meeres

Die Ohrfeige

»Umberto! Umberto! Mein Gott, was ist los mit dir? Umberto! Antworte mir!«

Ich bin acht Jahre alt, ich sitze hinten in der Klasse, und die Lehrerin ohrfeigt mich in ihrem Schreck. Aber ich kann ihr nicht antworten, weil ich nicht atmen will – ich habe mir vorgenommen, drei Minuten lang den Atem anzuhalten, mein bisheriger Rekord war zwei Minuten und 30 Sekunden –, und ich denke nicht daran, mein Experiment mittendrin abzubrechen. Mit hochrotem Gesicht gebe ich ein paar unverständliche Grunzer von mir, die meine verzweifelte Lehrerin noch mehr in Panik versetzen. Endlich, als ich kurz davor bin, das Bewusstsein zu verlieren, deute ich auf meine Uhr und schreie: »Geschafft! Drei Minuten!«

Ich bin halb wahnsinnig vor Freude. Im nächsten Moment kassiere ich eine schallende Ohrfeige und werde zwei Tage lang von der Schule verbannt.

Die Atmung zog mich schon immer in ihren Bann, wenn auch anfangs in einer eher negativen Weise. Als kleines Kind hatte ich Angst vor dem Wasser und schrie, wenn meine Mutter mich unter die Dusche stellte. Ich hatte Erstickungsängste und sprang voller Panik aus der Badewanne, weil mir das Wasser übers Gesicht lief und ich nicht mehr atmen konnte. Es war eine Tortur für mich, in die Badewanne oder unter die Dusche gesteckt zu werden.

Mein schwieriges Verhältnis zum flüssigen Element, die Angst, unter Wasser nicht atmen zu können, hielt an, bis meine Mutter eines Tages mit mir ins Schwimmbad ging. Und dort, oh Wunder, war meine irrationale Angst plötzlich wie weggeblasen, das Wasser zog mich magisch an. Ich fiel ins andere Extrem, ich war bald eine richtige Wasserratte, wollte gar nicht mehr aus dem Schwimmbecken heraus, und mit fünf Jahren konnte ich schon recht gut schwimmen. Mein Horror vor dem Wasser hatte sich in eine große Leidenschaft verwandelt.

Der Atem und das Wasser

Sobald ich mich im Schwimmbecken zu Hause fühlte, fing ich an, den Atem anzuhalten. Meine Einstellung hatte sich radikal verändert: Ich hatte keine Angst mehr, im Gegenteil, ich bemühte mich, meine Atmung zu beherrschen. Den Atem anzuhalten, war eine Herausforderung, die ich an mich selbst stellte, eine Möglichkeit, mich zu beweisen und neue Empfindungen zu erproben. Wasser und Atmung waren für mich eins, zwei Seiten einer Medaille. Sobald ich mich im Wasser bewegen konnte, versuchte ich, eine ganze Schwimmbadlänge zurückzulegen, ohne zu atmen. Als ich den Schmetterlingsstil lernte, legte ich weite Strecken unter Wasser zurück. Anfangs zählte ich nicht die Längen, sondern die Fliesen am Boden des Schwimmbeckens. Als ich fünf Jahre alt war, nahm ich an kleineren Schwimmwettkämpfen teil und entdeckte bald die Apnoe. Wenn ich trainierte – ich nahm immer häufiger an Wettkämpfen teil –, war ich manchmal erschöpft, und ich hatte eine Strategie entdeckt, wie ich mich im Wasser erholen konnte: Ich tauchte auf den Grund des Beckens hinunter und wartete dort, bis die anderen einmal hin- und hergeschwommen waren. Dann kam ich wieder an die Oberfläche und schwamm mit ihnen weiter.

Ich hielt nicht nur im Wasser den Atem an, sondern praktizierte diese Technik auch so oft wie möglich zu Hause oder in der Schule. Zur Kommunion wünschte ich mir eine Uhr von meinen Eltern. Die

Marke oder das Design waren mir egal: Mich interessierte nur der Sekundenzeiger, an dem ich ablesen konnte, wie lange ich schon den Atem anhielt. Von da an war ich nur noch mit der Stoppuhr anzutreffen.

Ich lebte mit meinen Eltern und meiner Schwester Stefania in Busto Arsizio, einer kleinen Industriestadt nordöstlich von Mailand. Das Meer war also weit weg, und der Boden des Schwimmbeckens stellte für mich die maximale Tiefe dar, in die ich hinunterging. Die Lehrerin, die mir damals die Ohrfeige gegeben hatte, war Sizilianerin, sie stammte aus Syrakus, der Stadt des legendären Apnoetauchers Enzo Maiorca. Sie sagte mir immer wieder: »Überlass das Leuten, die mit dem Meer aufgewachsen sind, die es können, den Champions! Das ist nichts für dich!« Inzwischen ist sie pensioniert, und wenn ich ihr heute begegne, sagt sie zu mir: »Erinnerst du dich noch an die Ohrfeige, die ich dir gegeben habe? ... Na ja, wahrscheinlich hast du das Tauchen irgendwie im Blut gehabt.«

Während andere Jungen in meinem Alter – inzwischen war ich siebzehn – Bilder von Fußballstars sammelten, schrieb ich Briefe an Jacques Mayol und Enzo Maiorca. Diese großen beiden Apnoetaucher waren meine Helden. Ich war damals schon vom Freitauchen fasziniert, von dem Zusammenhang zwischen Atmung und Wasser.

Man wird nicht Apnoist, um eines Tages Wettkämpfe zu gewinnen und ein Champion zu werden. Man wird es nur, wenn man es in sich hat. Den Atem anhalten, das ist etwas, das völlig gegen die menschliche Natur geht. Du kannst wochenlang ohne Essen überleben und tagelang ohne Wasser, aber nur wenige Minuten, ohne zu atmen. Wer aber den Mut hat, seine Erdhaftigkeit abzustreifen, öffnet sich Empfindungen von einer Schönheit, einer Intensität, die er nur erfährt, indem er den Atem anhält und in die Tiefe taucht. Das ist der Grund, warum ich mich unter Wasser begebe. Wenn ich gefragt werde: »Warum hältst du den Atem an? Du musst doch verrückt sein!«, antworte ich: »Weil es schön ist.« Wenn ich an der Wasseroberfläche blieb, meine Atmung anhielt und die Augen schloss, hatte ich das Gefühl, im schwerelosen Raum zu schweben, ich war leicht, es gab Wellen, die mich dazu brachten, mich auf eine bestimmte Art zu bewegen. Ich war nicht mehr derselbe Mensch wie auf dem Trocknen, wenn ich auf meinen Füßen stehe und atme, ich trat in eine andere Dimension ein. Das Wasser und der Atem sind die Ausgangspunkte für meine Tauchleidenschaft, meine Liebe zum Meer. Die Apnoe ist ein langsamer Selbstfindungsprozess, eine innere Suche, die den quälenden Aspekt, der mit dem Atemanhalten verbunden ist, vollkommen auslöscht und stattdessen wunderbaren, unbeschreiblich intensiven Wahrnehmungen und Empfindungen Platz macht.

Als ich später, nach meinen ersten Wettkampferfolgen, Jacques Mayol begegnete, erklärte er mir, wie ich atmen solle, was ich in diesem Moment empfinden müsse. Vor allem brachte er mir bei, dass man nicht nur seine Lunge ganz füllen, sondern das langsame Ein- und Ausströmen der Luft bewusst erleben muss. Er hat mir begreiflich gemacht, dass es beim Atemanhalten keinen Sinn hat, gegen die Sekunden anzukämpfen, die vorübergehen: »Ein solcher Kampf löst einen Konflikt mit körperlichen und psychischen Verkrampfungen aus, die das Gegenteil von dem bewirken, was du anstrebst, das heißt, im Strom der Dinge zu baden, dich ganz entspannt tragen zu lassen. Um den Atem optimal anzuhalten, darf man ihn, so paradox das klingt, nicht bewusst anhalten; du musst es tun, ohne daran zu denken, du musst gewissermaßen zu dem Akt als solchem werden.«

Als ich das erste Mal im Meer eine Tauchermaske aufsetzte, erfasste mich ein Schwindelgefühl vor der Leere, die sich unter mir auftat. Ich war orientierungslos. Dann gewöhnte ich mich sehr schnell daran. Mein Verhältnis zum Wasser, zur Atmung war immer ein besonderes gewesen: Am Anfang hatte ich Angst, Furcht, Gefühle, die mich nicht zum flüssigen Element hinzogen, dann fiel ich ins andere Extrem, und plötzlich fühlte ich mich in meinem Element. Der Schrecken hatte sich in Begeisterung verwandelt.

Trotzdem blieb ich noch lange ein Stadtjunge, der fast immer nur im Schwimmbad tauchte. Ich hatte keine Ahnung vom Apnoetieftauchen und den Auswirkungen des Wasserdrucks. Ich kannte keine Kompensationstechniken und wusste nicht, dass der Wasserdruck nicht nur im Trommelfell, sondern auch in der Maske korrigiert werden muss. Und wenn ich mit meinen Eltern ans Meer reiste, mit Flossen und Tauchermaske ausgerüstet, kehrte ich von meinen Tauchgängen in etwa 15 Meter Tiefe immer mit roten, geschwollenen Augen zurück, die durch die Saugwirkung der Maske aus den Höhlen traten. Mein Vater war besorgt und fragte mich: »Bist du sicher, dass das normal ist?« Ich ahnte nicht im Entferntesten, wie berechtigt seine Bedenken waren und dass es genügt hätte, etwas von der Luft herauszulassen, die ich in meinen Lungen gespeichert hatte, um zu verhindern, dass die Tauchermaske sich an meinem Gesicht festsaugte.

Der erste Rekord

Eines Tages sah ich im Fernsehen einen Rekord von Stefano Makula in statischer Apnoe, dem Zeittauchen. Das ist eine Disziplin, bei der der Taucher in geringer Tiefe so lange wie möglich unter Wasser bleibt. Ich hatte mit den Schwimmwettkämpfen aufgehört, seit ich siebzehn war, und bis zu dem Augenblick, als ich den Rekord des italienischen Champions Stefano Makula im Fernsehen verfolgte, betrachtete ich das Luftanhalten als eine Eigenheit, die ich in Bezug auf das Wasser und die Atmung eben besaß. Jetzt stellte ich fest, dass die Dauer meiner Tauchgänge nicht viel geringer war als bei ihm. Von einem Freund und meiner Schwester Stefania ermutigt, fing ich an zu trainieren. Ich kannte keine Entspannungstechniken und hatte kein Trainingsprogramm, aber ich übte zwei Stunden am Tag Apnoetauchen, und schon dabei machte ich beträchtliche Fortschritte.

Am 12. Juni 1988 präsentierte ich mich im Schwimmbad von Busto Arsizio zum ersten Mal der Öffentlichkeit, in der Absicht, Stefano Makulas Rekord von fünf Minuten und 15 Sekunden im Zeittauchen zu überbieten. Aber die Aufregung machte mir einen Strich durch die Rechnung. Im Training hatte ich es mehrmals geschafft, meinen Atem fünf Minuten und 30 Sekunden anzuhalten, aber nun streckte ich meinen Kopf schon nach zwei Minuten aus dem Wasser! Zum Glück gelang es mir, mich nach und nach zu entspannen und wieder Mut zu fassen, ehe ich den Rekord versuchte. Es waren über 2.000 Zuschauer um das Becken versammelt, und als die Tafel der elektrischen Stoppuhr anzeigte, dass ich den Rekord von fünf Minuten und 15 Sekunden überboten hatte, stieg donnernder Applaus von der Menge auf. Das war mein erstes großes Erlebnis als *recordman*. Ich befand mich zu diesem Zeitpunkt noch unter Wasser, aber im Geist spürte ich alle Menschen, die da waren, die mir ganz nahe waren. Ich konnte es kaum erwarten, bis das Signal der fünf Minuten und 30 Sekunden ertönte, damit ich hochkommen und mit ihnen feiern konnte.

Begegnung mit Pipin

Der Kubaner Francisco Ferreras, genannt Pipin, war damals schon ein großer Apnoechampion, vor allem im No-limit. Beim No-limit-Tauchen steigt der Taucher mit einem Tauchschlitten in die Meerestiefen ab. Beim Aufsteigen benutzt er einen Hebeballon oder einen aufblasbaren Anzug. No-limit ist die Kategorie, in der die größten Tiefenrekorde erzielt werden. Aber Pipin hatte gerade den Weltrekord mit konstantem Gewicht aufgestellt, in der Disziplin, bei der man nur mit Hilfe der Flossen ab- und wieder aufsteigt. In meinen Augen ist das die anspruchsvollste Disziplin, die sportlichste. Wenn der Taucher unten ankommt, hat er noch einen Aufstieg allein mit der Kraft seiner Flossen vor sich. Für mich war Pipin ein Idol, der Mann, der es geschafft hatte, Maiorca und Mayol zu übertrumpfen. Und so reiste ich, kurze Zeit nachdem ich den Rekord im Zeittauchen gebrochen hatte, zu ihm in die Karibik. Der italienische Atlantis-Club hatte einen Unterwasserfoto-Wettbewerb veranstaltet und mich nach Kuba auf die Insel Cayo Largo eingeladen. Pipin war dort Ehrengast. Es war das erste Mal, dass ich aus Europa herauskam.

Auf dieser traumhaft schönen Karibikinsel konnte ich erstmals meine Fähigkeiten als Apnoist in den Meerestiefen testen. Ich fuhr mit kubanischen Fischern aufs Meer hinaus, ich tauchte nach riesigen Langusten, ich ging mit Pipin in über 30 Meter Tiefe auf Unterwasserjagd. Ich war überglücklich, dass ich mit einem Champion wie Pipin fischen durfte.

Zu dieser Zeit wurde mein Rekord in statischer Apnoe von dem Franzosen Philippe Goasse überboten, mit einer Zeit von fünf Minuten und 50 Sekunden. Ich nahm die Herausforderung an, und ein paar Monate später stellte ich mit sechs Minuten und drei Sekunden einen neuen Rekord auf.

Aber bald wurde es mir zu langweilig, nur im Schwimmbecken zu tauchen. Ich hatte Lust, die Meerestiefen zu erkunden. Das Problem war, dass ich zu weit weg vom Mittelmeer wohnte und nicht ohne weiteres in so großen Tiefen trainieren oder mich an die Wirkungen des Wasserdrucks gewöhnen konnte. Wann immer ich das Thema zur Sprache brachte, hieß es: »Für einen Lombarden wie dich ist das nicht einfach!« Aber ich steckte voller Selbstvertrauen.

Schwierige Anfänge

Beim Unterwasserfischen mit Pipin hatte ich festgestellt, dass ich ihm ohne allzu große Mühe folgen konnte, obwohl ich nie ein Training in den Meerestiefen absolviert hatte. Das ließ mich nicht daran zweifeln, dass ich es schaffen würde, wenn ich gut trainierte. Aber es war alles andere als einfach, und ich traute mich nicht, mit den anderen darüber zu reden.

Ich studierte Informatik und absolvierte gleichzeitig meinen Militärdienst in Mailand. Am 12. Juli 1990 machte ich an der Università degli Studi mein Examen, und da ich jetzt nicht mehr des Studiums wegen in Mailand bleiben musste, beantragte ich meine Versetzung als Rekrut auf die Insel Elba, was sich anbot, da ich zur Tauchmannschaft meiner Kompanie gehörte. Als Motiv gab ich an, dass ich meine Tauchkapazitäten verbessern wollte. Ich dachte damals nicht daran, für Wettkämpfe zu trainieren, sondern wollte einfach auf Staatskosten sechs Monate auf Elba verbringen, der herrlichen Insel vor Livorno. Ich stellte es mir paradiesisch vor, jeden Tag zu tauchen und mit anderen Tauchern zusammenzukommen. Aber der offizielle Grund für meine Versetzung war das Training, und so kam ich in Kontakt mit Massimo Giudicelli, dem Lehrer der Feuerwehrtaucher.

Die Feuerwehrtaucher von Elba

Als ich mich Massimo vorstellte, sagte er zu mir: »Ja, ja, ich weiß, warum du da bist, aber glaub nur nicht, dass du hier im Urlaub bist. Du machst deinen normalen Dienst und außerdem noch dein Training.« Und als er mich fragte: »Was hast du dir denn vorgestellt?«, antwortete ich ihm: »Ich möchte einfach meine Tauchleistungen verbessern und tiefer runtergehen.« Und so stellten wir ein Trainingsprogramm auf. Massimo hatte eine Menge Erfahrung, denn er gehörte zur Mannschaft von Jacques Mayol, der ein Haus auf Elba besaß. Nach sechs Tagen stellte sich heraus, dass ich alles erreicht hatte, was ich mir für die nächsten fünf Monate vorgenommen hatte: von minus 35 Meter auf minus 50 Meter absteigen! Massimo war fassungslos.

Er war der Erste, der an meine Fähigkeiten glaubte, noch bevor ich selbst davon überzeugt war, und in jenen Tagen entstand eine Freundschaft zwischen uns, die auf gegenseitigem Einverständnis und Vertrauen beruhte. Eines Morgens rief er mich zu sich und schlug mir vor, einen Rekord mit konstantem Gewicht zu versuchen. Mir stockte fast der Atem, denn sosehr ich auch davon träumte, hätte ich doch nicht zu hoffen gewagt, dass ich so schnell in den großen *Cirque Bleu*, den großen »Tauchzirkus«, aufsteigen könnte, wie die Welt des Apnoetauchens auch genannt wird. Im Übrigen war mir bewusst, dass ich eine enorme Verantwortung übernahm. Sobald eine Organisation gefunden wäre, die mir den Rekord ermöglichen würde, hing alles von mir allein ab. Die anderen würden alles Erforderliche tun, um mir zu helfen, aber ich war es, der tauchte. Ich musste mich bewähren und ein anderes Training anfangen.

Nun stellten sich mir einige Schwierigkeiten in den Weg, denn ich wurde nicht von meinen militärischen Dienstpflichten befreit. Da ich nicht gesponsert wurde und nicht viel Geld hatte, besaß ich auch keine Ausrüstung. Wenn Massimo nicht zugegen war, ruderte ich mit einem Boot zu der Stelle hinaus, wo ich tauchen wollte, und war schon erschöpft, bevor ich überhaupt mit dem Wasser in Berührung kam. Außerdem traute mir niemand zu, dass ich es schaffen würde, einen Champion wie Pipin zu schlagen.

Eines Tages nahm ich meinen Mut zusammen und stellte mich Alfredo Guglielmi vor, der den Spitznamen *Corsaro* (Korsar) trägt, weil er davon träumt, eines Tages die Schätze zu heben, die auf dem Meeresgrund ruhen. Guglielmi organisierte auch die Wettkämpfe von Jacques Mayol. Für mich waren das höhere Wesen, denn ich verfolgte seit langem alle ihre Projekte in Büchern und Zeitungen. Als ich zu Guglielmi ging, um ihm zu sagen, dass ich vorhatte, einen Rekord aufzustellen, brachte ich daher kaum den Mund auf. Er fragte mich: »Auf wie viel Meter gehst du runter?« Ich antwortete: »Ich bin bei 55 Metern.« Er lachte mir ins Gesicht: »Es gibt garantiert 50.000 Menschen auf der Welt, die bis auf 55 Meter runtergehen, da bist du weiß Gott nicht der Einzige!«

Also trainierte ich weiter. Meine Mannschaft bestand aus Massimo und Roberto Sparnocchia, einem anderen Feuerwehrtaucher, mit dem ich mich sofort anfreundete. Später kümmerte sich Roberto um die gesamte Logistik, die ein Rekordversuch verlangt, und wurde einer meiner engsten Mitarbeiter. Als ich auf 60 Meter gekommen war, ging ich wieder zu Alfredo Guglielmi.

»He, Corsaro, ich bin jetzt auf 60 Meter!«

»Na gut«, sagte er nur, »es gibt vielleicht keine 50.000 Taucher, die das schaffen, aber 500 sind es bestimmt.«

Als ich schließlich 65 Meter erreichte (Pipins Rekord war 62 Meter), sagte er zu mir: »Oho, 65 Meter, das schaffen allerdings nicht viele Leute auf der Welt. Komm morgen wieder, damit ich dich im Wasser sehe.«

So groß waren anfänglich sein Misstrauen und seine Skepsis mir gegenüber. Später wurden wir Freunde, und er zeigte mir sein kleines Apnoemuseum, das mit alten Bleigurten und Gewichten, veralteter Ausrüstung, den ersten Tauchmasken und Schutzlinsen, vergilbten Fotos von diversen Tauchern, vor allem Mayol, und vielen anderen Sachen voll gestopft war. Corsaro stellte mir auch ein paar Mitglieder von Mayols Mannschaft vor, insbesondere Jürgen Esche und Gianfranco Carletti, den alle Pompacqua nannten, weil er lange Zeit am Aquädukt der Insel Elba gearbeitet hatte.

So fand ich mich eines Morgens an Bord von Corsaros Boot wieder, das bei allen Rekorden Mayols als Sicherungsschiff gedient hatte. »Setz dich«, forderte er mich auf und reichte mir die weiß-gelb-schwarze Decke, auf die Mayol sich zu setzen pflegte, wenn er vor dem Start seine Yogaübungen machte. Ich war tief bewegt und beeindruckt. Und ich tauchte in Corsaros Gegenwart auf 68 Meter hinunter! Damit hatte ich das Vertrauen des alten Korsaren gewonnen. Aber jetzt musste ich offiziell Pipins Rekord brechen, und die Bedingungen, unter denen ich trainierte, waren nicht einfach.

Ich bin jedoch überzeugt, dass gerade die Schwierigkeiten mich zusätzlich anspornten. Die Opfer, die ich gebracht habe, die Hindernisse, die ich überwinden musste, halfen mir später, schwierige Situationen zu meistern. Ich erinnere mich, dass ich einen Vortrag von Pizzolato hörte, einem italienischen Sportler, der zweimal den Marathon in New York gewonnen hatte. Bei seinem ersten Marathon lief er wenige Kilometer vor dem Ziel Ellbogen an Ellbogen mit einem Mexikaner und spürte, dass er am Ende seiner Kräfte war. Der Mexikaner überholte ihn; Pizzolato hatte dem nichts mehr entgegenzusetzen. Aber er war der Sohn eines Polsterers, stand morgens um vier Uhr auf, arbeitete den Tag über und konnte danach erst trainieren. Als der Mexikaner ihn überholte, so erzählte Pizzolato, »da lief mein ganzes Leben vor mir ab: Ich dachte daran, wie ich jeden Morgen um vier aufstand und keinen Abend mit meinen Freunden weggehen konnte, weil ich am nächsten Morgen wieder früh aus den Federn musste. Und auf einmal spürte ich, dass ich ein Schlangennest im Magen hatte, meine Beine liefen ganz von selbst, und so habe ich als Erster die Ziellinie überschritten.«

Wenn alles zu leicht ist, bricht man beim ersten Hindernis zusammen. Ich glaube, die harten Anfangsjahre, in denen mir nichts erspart blieb, haben mir die Kraft gegeben, die mich später mit schwierigen Situationen fertig werden ließ. Massimo hat mir viel dabei geholfen, nicht nur als Trainer, sondern auch als Psychologe. Er wusste, wie er mich nehmen musste, er übte Druck auf mich aus, wenn es nötig war, und er half mir in Augenblicken der Erschöpfung. Ich erinnere mich noch an einen Tag im November, als ich gegen Ende des Trainings halb erfroren war. Ich trug einen dünnen Anzug, der klatschnass war, und konnte es kaum erwarten, ihn mir vom Körper zu reißen. Ich bat Massimo: »Hör mal, lass uns jetzt aufhören, es wird allmählich kalt.« Und er antwortete mir: »An solche kleinen Opfer musst du dich gewöhnen. Wie willst du die Strapazen ertragen, die noch auf dich zukommen, wenn du nicht mal einen nassen Taucheranzug verkraftest?« Ich weiß auch noch, wie Massimo später, bei der Siegesfeier Ende 1991, als ich Rekorde in drei Disziplinen aufgestellt hatte, zu mir sagte: »Ich gratuliere dir zu allem, aber vergiss nicht, wenn du wieder ins Wasser steigst, dann musst du es im selben Geist wie letztes Jahr tun oder wie der Anfänger, der du damals warst, der nichts hatte und alles beweisen musste. Wenn du das nächste Mal wie ein Champion tauchst, der drei Rekorde aufgestellt hat, findest du nicht mehr dieselbe Motivation beim Training.«

Das ist wichtig, denn Apnoetauchen ist ein außergewöhnlicher Sport. Es ist nicht wie beim Fußball oder Basketball, wo man jeden Sonntag ein Match austrägt. Wenn du an einem Tag schlecht spielst, kannst du es in der nächsten Woche besser machen. Beim Apnoetauchen trainiert man sechs Monate lang für einen Versuch, der drei Minuten dauert. Und in diesen drei Minuten muss der Taucher beweisen, was er nach der monatelangen Arbeit zu leisten imstande ist. Wenn du also zehn Monate vorher mit dem Training anfängst und das Wasser an diesem Tag kalt ist, fällt es schwer, die Motivation aufzubringen, sofern du nicht hundertprozentig überzeugt bist. Die Versuchung ist dann groß, das Training auf den nächsten Tag zu verschieben. Ein Rekord im Apnoetauchen bedeutet, ein Leben lang für ein paar Minuten Höchstleistung zu trainieren. All das hat Massimo mir beigebracht, ganz zu schweigen von der technischen Seite, die er mir vermittelte. Es gibt nichts Schlimmeres, als wenn du bei schlechtem Wetter oder aufgewühltem Meer einen Rekordversuch vor dir hast. Das ist eine Zerreißprobe für die Nerven: Du musst warten und bangen, ob die Bedingungen am nächsten Tag besser sind und so weiter. Auch hier hat Massimo mir geholfen. Er sagte mir immer: »Schau nach Norden und atme tief.« Warum nach Norden? Ich habe ihn nie gefragt.

Wir gingen jetzt ernsthaft an die Arbeit, Massimo und ich. Wir reservierten den Vormittag für das Training, den Nachmittag für die PR-Arbeit, die Arztbesuche, die Behördengänge. Den Militärdienst nicht mitgerechnet. Eines Tages kam ein Techniker von Cyba Vision und brachte mir die speziell für das Tauchen konzipierten Schutzlinsen, die ich bestellt hatte. Sie sollten der Schwierigkeit abhelfen, dass man mit einer Tauchermaske in großer Tiefe nicht kompensieren kann. Bei einem solchen Druck würde die Maske sich am Gesicht festsaugen und schwere Augenverletzungen hervorrufen. Der Techniker, der am Eingang niemanden vorfand, irrte durch die Kaserne, bis er schließlich im Küchentrakt landete. Dort sagte er zu einem Rekruten, den er beim Geschirrspülen antraf: »Ich soll einem Taucher namens Umberto Pelizzari Kontaktlinsen bringen.« Ich wäre am liebsten im Erdboden versunken! »Ich weiß, es klingt absurd«, entschuldigte ich mich, »aber der Taucher bin ich, und die Linsen sind für mich.« Wir brachen beide in Gelächter aus.

Die Geburt von Pelo

Endlich kam der Tag X. Meine Freunde waren da, meine Eltern, Fotografen und mehrere Fernsehteams. Allen voran ein Journalist von RAI, dem öffentlich-rechtlichen italienischen Sender, der später ein guter Freund wurde und mir dann Folgendes erzählte: Er war mit seiner Mannschaft gekommen, weil er einen Beitrag über medizinische Fragen drehen wollte, bei dem es unter anderem um das

Phänomen des Black-out ging. Da er dazu Bilder brauchte, gab ihm der Sendeleiter den Hinweis: »Warum filmst du nicht einfach den Apnoerekord? Ich hab gehört, da ist so ein junger Typ, der Pipins Rekord überbieten will. Bei dem kannst du sicher sein, dass er einen Black-out kriegt.«

Zum Glück wusste ich das damals nicht. An jenem Tag – es war der 10. November 1990 – war ich nicht nur von Journalisten, sondern von vielen anderen Leuten umringt. Ich fühlte mich ein bisschen verloren und wollte allein sein, um mich zu konzentrieren. Roberto Sparnocchia begleitete mich zum Strand, so wie er es auch vor anderen Wettkämpfen tat, wann immer es möglich war. Diesen Augenblick des Alleinseins brauche ich, um mich von allem zu lösen und mich auf das zu konzentrieren, was mich erwartet. Anschließend stieg ich wieder ins Boot, setzte mich auf Mayols Decke und widmete mich meinen Vorübungen. Dann tauchte ich ins Meer hinunter, das schon sehr kalt war, denn ein eisiger Mistral peitschte die Wasseroberfläche, und kam mühelos auf eine Tiefe von 65 Metern. Damit hielt ich den Weltrekord mit konstantem Gewicht.

Als ich aus dem Wasser emportauchte und wieder atmete, gingen mir Enzo Maiorcas Worte durch den Kopf: »Der erste Atemzug, den du machst, wenn du vom Meeresgrund auftauchst, ist wie der erste Atemzug, mit dem du ins Leben trittst.« Es ist ein Atmen, das mit nichts vergleichbar ist, das meine Rückkehr aus der Welt der Meeressäuger in die menschliche Dimension besiegelt, die Freude über meinen ersten Sieg. Wenn man von einem Apnoetauchgang in großer Tiefe heraufkommt und wieder atmet, ist das wie ein Übergang zwischen dem Wasser- und dem Erdelement. Dass dieser Atemzug mit dem ersten Schrei eines Neugeborenen in Beziehung steht, liegt auf der Hand. Es ist ein Akt, der zugleich von Freude und Trauer erfüllt ist, denn du verlässt die eine Welt, um in eine andere einzutreten.

Meine Eltern, meine Freunde, die Feuerwehrtaucher standen auf einem etwas weiter entfernten Boot und winkten mir zu, dass ich zu ihnen kommen sollte. Die Atmosphäre wird mir unvergesslich bleiben: Es war mein erster Rekord und der Tag, an dem ich den Namen Pelo erhielt, einen Namen, den ich in der Tauchwelt nie wieder loswerden sollte.

Als ich mein Studium und ein paar Monate später meinen Militärdienst abgeschlossen hatte, wollte meine Mutter natürlich, dass ich als Informatiker arbeitete. Aber ich wusste, dass eine solche Tätigkeit sich nicht mit meinen wahren Ambitionen vereinbaren ließ. Nach dem Militärdienst reiste ich daher zunächst einmal auf die Malediven, um dort zu trainieren; ich hatte viel freie Zeit. Zu jener Zeit – sie liegt jetzt über zehn Jahre zurück – steckte ich meine ganze Energie in die Vorbereitung eines Rekords. Dabei steht teilweise das Muskeltraining an erster Stelle, dann wieder konzentriert man sich auf das Training im Wasser und auf die Atmung oder auf die Sophrologie (Entspannungsmethode). In den letzten Monaten vor dem Rekordversuch ist es unabdinglich, sechs bis sieben Stunden pro Tag zu trainieren. Ich konnte meine Reiselust mit der Möglichkeit verbinden, in fernen Meeren zu trainieren, und lernte auf diese Weise faszinierende Menschen und Lebensweisen kennen und entdeckte Traumorte. Alle zwei Monate zog ich mit meinem Trainer Bilanz, ich zeigte ihm, was ich geschafft hatte, und wir arbeiteten den Trainingsplan für die nächste Phase aus. Zu Beginn meines Trainings wurde ich nur von einem oder zwei Freunden begleitet, die mit mir übten. Man darf nie allein tauchen, das ist viel zu gefährlich. In den beiden letzten Monaten kam ich dann wieder mit meiner ganzen Mannschaft zusammen und bereitete mich mit ihr gemeinsam vor.

Die Entscheidung

Sobald ich mein Diplom in der Tasche hatte, erhielt ich von mehreren Informatikunternehmen Stellenangebote. Ich hatte nicht die Absicht, in einem Büro zu versauern, aber meine Mutter bestand darauf, dass ich zu den Vorstellungsgesprächen ging. Ich wollte keinen Familienstreit vom Zaun brechen und schloss einen Deal mit dem Briefträger ab: Er sollte die Post, die an mich adressiert war, in Zukunft nicht mehr in den Briefkasten werfen, sondern mir persönlich in die Hand drücken. Dafür würde ich ihm einen Kaffee spendieren, wann immer ich auf diese Weise um ein Vorstellungsgespräch herumkam. »Mamma mia, Umberto«, rief der Postbote aus, »alle Welt sucht händeringend Arbeit, und du wirfst einfach alles weg. Wie soll ich deiner Mutter jemals wieder ins Gesicht sehen?«

In jenen Tagen hatte ich Jacques Mayol persönlich kennen gelernt. Ich war so fasziniert von seinen Berichten, dass ich seinem Vorbild folgte und zwei weite Reisen unternahm zu fremden Meeren und Menschen, die mit dem Meer lebten. Als Erstes tauchte ich auf den Malediven, im Felidu-Atoll. Dann auf den Turks- und Caicos-Inseln, einem kleinen Archipel in der Karibik, südlich der Bahamas gelegen. Nach meiner Rückkehr gab sich meine Familie endlich geschlagen: Sie fand sich damit ab, dass ich nie in einem Büro arbeiten würde.

Die Apnoelegende Jacques Mayol

»Wenn du mit mir tauchen willst, musst du alles ablegen, was dich an deine Alltagswelt bindet, den Tiefenmesser, deine Uhr. Du darfst nur ein einziges Ziel haben: Immer wenn du ins Meer eintauchst, musst du dich positiven Empfindungen öffnen, die jedes Mal schöner und intensiver sein sollten als beim vorigen Mal. Du musst deine Gefühle bis in die tiefsten Tiefen ausloten, und das setzt voraus, dass du aufhörst, die Meter und Sekunden zu zählen.«

Das waren die ersten Worte, die Mayol an mich richtete, als ich ihn auf Elba aufsuchte, anderthalb Monate nachdem ich ihn kennen gelernt hatte. Es war hilfreich, dass er mir das sagte, denn ich hatte gerade meinen ersten Rekord aufgestellt, und das richtige Equipment erschien mir enorm wichtig. Wenn Mayol mir einen Rat gab, dann nie ohne einen triftigen Grund, den ich manchmal allerdings erst viel später begriff. Ich war Mayol im Dezember 1990 im »Salon nautique«, der Pariser Bootsmesse, begegnet, nachdem ich meinen ersten Rekord aufgestellt hatte. Er gab Autogramme und war von Bewunderern umringt. Ich war schrecklich aufgeregt, als ich vor ihm stand. Mayol war ein Mythos für mich, der Mann, dessen Rekorde ich seit einer Ewigkeit verfolgte. Als ich endlich den Mut aufbrachte, ihn anzusprechen, lächelte er mich an und sagte: »Ich hab schon von dir gehört. Meinen Glückwunsch! Ich hoffe, dass wir uns im Wasser wiedersehen.«

Und dann hatte er mich auf die Insel Elba eingeladen. Ich saugte alles in mich auf: seine lange Liste von Rekorden und Preisen, seine außerordentlich große Erfahrung, seinen Kosmopolitismus, seine Weltoffenheit, seine Abenteuerlust. Jacques Mayol, der Franzose war, kam am 1. April 1927 in Schanghai zur Welt. Er war sein Leben lang auf Reisen und entdeckte in Japan bei den Ama-Fischerinnen seine Begeisterung für das Tauchen. Als Reporter in Kanada stieß er bei einer Reportage in einem Delfinarium in Miami auf einen Delfin namens Clown. Das war der Beginn der großen Liebe und Faszination, die ihn bis an sein Lebensende mit den Delfinen verband. Später verlegte er sich auf das Apnoetieftauchen und steigerte sich in einen gnadenlosen Wettkampf mit Enzo Maiorca, den Luc Besson in seinem Film *Im Rausch der Tiefe (Le Grand Bleu)* nachgezeichnet hat. Jacques Mayol bewunderte die Bücher Jack Londons, denn er gehörte wie dieser Schriftsteller zu den großen Abenteurern, den Menschen, die zur Legende werden. Er war ein charismatischer

Mensch, ein Verführer, aber wenn ihm etwas gegen den Strich ging, dann verschloss er sich wie ein Seeigel.

Bevor ich Mayol kennen lernte, tauchte ich auf eine sehr körperliche Art, indem ich meine Muskeln einsetzte und mit der Kraft meiner Arme und Beine ab- und aufstieg. Mayol zeigte mir, wie man sich natürlicher im Wasser bewegt, wie man sich gehen lässt. Er hat meinen Tauchstil völlig verändert, sein Denkansatz hat mich enorm beeinflusst. Die Eleganz, die Leichtigkeit und Geschmeidigkeit, die man mir nachsagt, hat er mich gelehrt.

Wenn Mayol ins Wasser eintauchte, war er von einer Aura umgeben, einem geheimnisvollen Fluidum. Ich erinnere mich, wie ich ihn das erste Mal absteigen sah, als ich mit ihm auf Elba tauchte: Ich folgte ihm, die Sonne schien hinter uns, und ich war der glücklichste Mensch der Welt! Es fehlten nur noch die Delfine. Ich spürte buchstäblich die Energie, die ihn umgab, sein Charisma war so stark, dass er fast einschüchternd wirkte. Der Mann, von dem ich nachts geträumt hatte, dem ich als kleiner Junge Briefe geschrieben hatte, war mir jetzt zum Greifen nahe.

Mayol besaß eine außergewöhnliche mentale Kraft. Heute gibt es viele Apnoisten, die körperlich stark sind, aber sie kennen nicht mehr jenes intensive Glücksgefühl beim Tauchen. Sie haben ein Ziel – sie wollen einen Wettkampf gewinnen –, und wenn dieses Ziel wegfällt, hören sie mit dem Tauchen auf. Ich war genauso, bis ich Jacques kennen lernte, der meine Einstellung radikal verändert hat. Er erklärte mir, dass ich meinen ersten Rekord auf eine rein körperliche Art geschafft hätte und dass ich dies ändern müsse, denn sonst würde ich alles hinwerfen, sobald ich an meine Grenzen stieße. Ich habe zum Beispiel eine Lungenkapazität von acht Litern, was viel ist im Vergleich zum Durchschnitt (ungefähr 4,5 bis 5 Liter), doch ich begriff nun, dass es keine Bedeutung hat, denn die Apnoe spielt sich hauptsächlich auf mentaler Ebene ab.

Wir haben alle eine körperliche Grenze, die wir nur durch einen geistigen Zugang zur Apnoe überschreiten können, und Mayol hat mir gezeigt, wie man sich mental auf das Tauchen einstellt. Das ist wahrscheinlich das Wichtigste, das ich von ihm gelernt habe. Ich glaube, mein Tauchstil verdankt sich zum größten Teil einem Satz, den Jacques mir einmal gesagt hat: »Hab Vertrauen und genieße das Glück, unter Wasser zu sein.« Drei oder vier Monate lang habe ich mich beim Tauchen ganz auf mich selbst und das Gefühl konzentriert, das mich erfüllte, wenn ich mich unter Wasser bewegte, und das mit jedem Mal intensiver wurde. Dieses Gefühl stellt sich nur ein, wenn man die körperlichen Anstrengungen auf ein Minimum beschränkt, wenn man sich gelöst im Wasser bewegt, so »delfinhaft« wie nur möglich. Mayol war besessen vom Bild des »Delfinmenschen«, und sein Buch *Homo Delphinus* (1986) handelt von dieser Empathie zwischen Mensch und Delfin.

Als ich mit ihm auf der Terrasse seines Hauses auf der Insel Elba saß, mit Blick auf das wilde Granitmassiv von Montecristo, das hoch aus den Fluten aufragt, ließ er mich vor dem Sonnenuntergang über dem Meer atmen. Es waren nicht die Atemübungen an sich, die ihn interessierten, sondern die Harmonie des Ganzen: Er wollte, dass ich die Landschaft, die Natur in mich aufnahm. Von da an kam ich jeden Tag rechtzeitig vor Sonnenuntergang auf die Terrasse, um mit den Atemübungen anzufangen. Mayol verhalf mir zu der Erkenntnis, dass die Apnoe in erster Linie ein geistiges Abenteuer ist und nicht so sehr ein körperliches.

Er brachte mir die Atemtechniken des Yoga bei, das Pranayama, eine regelrechte Wissenschaft des Atmens. Indem man lernt, das Zwerchfell zu stimulieren, den wichtigsten Muskel beim Tauchen in großen Tiefen, kommt man dazu, am unteren Teil der Lungen zu arbeiten, dem Teil, der das größte Luftvolumen enthält und bei der normalen Brustatmung nicht aktiviert wird. Mayol zeigte mir auch bestimmte Yogastellungen, die Asanas, und öffnete mir die Augen für die fundamentale Bedeutung der Atmung und Konzentration. »Ein Tauchgang beginnt nicht in dem Moment, in dem du mit dem Kopf voraus ins Wasser eintauchst, und er endet nicht, wenn du den Kopf wieder aus dem Wasser streckst«, erklärte er mir. »Er beginnt lange vorher, wenn du atmest und dich vorbereitest. Denn deine Leistung hängt davon ab, wie gut du dich vorbereitet hast.« Mayol hat mir keine geheimen Techniken verraten, sondern meine ganze Vorbereitung und meinen geistigen Zugang zur Apnoe beeinflusst.

Ich glaube, dass ich für ihn so etwas wie ein Schüler war. Er gab mir viel von sich selbst, aber er war unberechenbar. Zeitweise reagierte er misstrauisch und abweisend auf andere Leute. Da er hypersensibel war, schützte er sich auf diese Weise, was sich aber oft gegen ihn kehrte. Eines Tages machte er mir das größte Kompliment, das ein Mensch wie er zu vergeben hatte: Er schenkte mir sein Buch *Homo delphinus* und schrieb in seiner Widmung: »Ich bin außerordentlich stolz auf dich und mir absolut sicher, dass du der ›Homo delphinus‹ der Zukunft sein wirst.«

Ich habe nicht vergessen, was er einmal äußerte: »Das erste Symptom des Scheiterns ist der Neid auf den Erfolg der anderen.« Und ein andermal: »Wenn es keine Lösung für ein Problem gibt, ist es sinnlos, sich darüber aufzuregen, und wenn es eine Lösung gibt, sehe ich erst recht keinen Grund dafür.« Ich verehrte ihn wie ein Kind, das zu seinem Vater aufschaut. Und manchmal auch wie ein Sohn, der gegen seinen Vater rebelliert. Ich wurde wütend, wenn er sich zu folgenden Worten hinreißen ließ: »Ich bin unter Wasser gegangen, weil ich das Meer liebe, aber heutzutage tauchen die jungen Leute nur noch für Sponsoren und Fernsehkameras.« Er übersah dabei völlig, dass er ein Pionier war und die Dinge sich notgedrungen ändern. Er beharrte darauf, dass bestimmte Methoden, die zu seiner Zeit das Nonplusultra des Apnoetauchens darstellten, immer so bleiben müssten. Wenn es nach ihm gegangen wäre, hätten die Taucher bis in alle Ewigkeit auf eine bestimmte Art trainieren, die gleichen Flossen wie früher verwenden müssen und so weiter.

Maiorca und Mayol stiegen in ihren Glanzzeiten mit einem Schlitten auf 75 Meter herab, aber wer heute mit Flossen auf 100 Meter Tiefe tauchen will, kommt nicht ohne intensives Muskeltraining aus, sonst ist das unmöglich. Jacques hatte gut reden, wenn er sagte: »Nein, das körperliche Training ist überflüssig, es genügt, wenn man über eine gute Mannschaft verfügt.« Als Jacques Mayol und Enzo Maiorca anfingen, gingen sie von 50 Meter Tiefe aus. Ein junger Taucher, der heute anfängt, muss über 150 Meter hinausgehen, also die menschlichen Grenzen um 100 Meter weiter hinausschieben. Das wirft ein Licht auf die gewaltigen Fortschritte, die in den letzten Jahren im Freitauchen erzielt wurden.

Die Apnoe hat sich in technischer Hinsicht verändert, aber die Grundkonzeption, die Mayol mir vermittelt hat, wird nie veralten: die Lust am Tauchen, aus der sich alles Weitere ergibt, die Leichtigkeit, die Geschmeidigkeit, die Eleganz, die Symbiose mit dem Meer, das Bewusstsein, unter Wasser zu verweilen, ein Mensch zu sein, aber ohne das Bedürfnis zu atmen.

Abgesehen vom Tauchen hat Mayol mir auch in menschlicher Hinsicht ungeheuer viel gegeben.

Eines Tages hörte ich, wie er am Telefon in einer Sprache redete, die ich nicht verstand. Als er auflegte, fragte ich ihn, was das für eine Sprache gewesen sei. »Schwedisch«, antwortete er. Ich sagte verblüfft: »Hör mal, Jacques, wie viele Sprachen kannst du eigentlich?« Er blickte mir scharf in die Augen und sagte: »Frag nie einen Menschen, wie viele Sprachen er spricht, wie viele Länder er gesehen hat, wie viel Geld er besitzt oder wie viele Frauen er geliebt hat, denn wenn er dir eine präzise Antwort gibt, heißt das, dass es nicht genug waren.«

Er zitierte immer wieder ein altes Inuit-Sprichwort: »Wenn ein Mann seine Heimat verlässt und sich in ein fremdes Land begibt, nimmt er seine Frau und sein Herz mit, aber er lässt die Waffen und Gesetze seines Volkes zu Hause und übernimmt die des Landes, in dem er lebt.« Und dann fügte er hinzu: »Das ist die Einstellung, mit der du dich dem Meer nähern musst. Das Meer ist kein Territorium, das du erobern musst, sondern eine Grenze, die du überschreiten sollst. Das Meer ist ein freundliches Element.«

Stundenlang lauschte ich Mayols Erzählungen – von Völkern, die vom Apnoefischen leben, von Menschen, die auf die eine oder andere Art vom Meer leben: die Bewohner des Turks- und Caicos-Archipels, die Fischer auf den Philippinen und Malediven, die Ama-Taucherinnen in Japan. Ich konnte nicht genug bekommen von seinen Schilderungen und reiste auf seinen Spuren, um die fantastischen Geschichten selbst zu erleben, die er mir erzählt hatte.

In der Nacht vom 22. zum 23. Dezember 2001 setzte Jacques Mayol seinem Leben mit 74 Jahren ein Ende. Ich saß zu der Zeit in Brasilien fest und verkroch mich drei Tage lang in mich selbst, versuchte, damit fertig zu werden, zu verstehen. Ich fühlte mich verraten: Alles, was Mayol mich gelehrt hatte, was er in seinem eigenen Leben praktiziert hatte, hatte im entscheidenden Moment versagt. Ich war wütend und enttäuscht, dass er mich nicht ins Vertrauen gezogen hatte. Er hätte doch mit mir darüber sprechen können! Ich dachte daran, wie er mehrmals geäußert hatte: »Warum setzt Gott uns in die Welt, wenn wir am Ende doch nur alt und gebrechlich werden?«

Wir hatten uns wenige Monate zuvor, im September 2001, in München bei der Präsentation des Films *Ocean Men* gesehen. Ich merkte, dass er deprimiert war, aber es schien ihm bewusst zu sein, und er schlug mir sogar vor, zusammen mit ihm eine Apnoetauchschule zu eröffnen. Als wir darüber redeten, lebte er sichtlich auf und zeigte wieder seine alte Begeisterungsfähigkeit. Danach haben wir uns auf Elba wiedergesehen, eine Woche bevor ich nach Brasilien reiste. Wir verbrachten zwei Tage miteinander – länger konnte ich nicht bleiben, weil ich einen Dokumentarfilm drehte –, und ich merkte, dass er leer und ausgelaugt war, von pessimistischen Gedanken zerfressen, dass er kein Ziel mehr vor Augen hatte, keinen Antrieb zum Weiterleben. Wir haben viel miteinander geredet in den beiden Tagen, aber ein Satz, den er mir sagte, verfolgt mich bis heute, weil mir der Sinn damals verborgen blieb: »Ich dachte immer, die größten Glücksmomente in meinem Leben hätte ich beim Tauchen gefunden, wenn ich neue Rekorde aufgestellt habe«, vertraute er mir an, »aber jetzt weiß ich, dass der schönste Moment noch nicht gekommen ist.« Das Abenteuer, so wie Jack London es verstand, dessen Bücher einen tiefen Einfluss auf ihn hatten, birgt die Möglichkeit, den Tod zu streifen und ihm dennoch zu entgehen, und vielleicht war Mayol zu der Ansicht gekommen, die Ernst Jünger in *Das abenteuerliche Herz* geäußert hat: »Vielleicht wird der Tod unser größtes und gefährlichstes Abenteuer sein, denn nicht ohne Grund sucht der Abenteurer immer wieder seine flammenden Ränder auf.«

Wer weiß, vielleicht wäre es anders gekommen, wenn wir zusammen getaucht wären ... Denn das Wasser heilt, das Meer heilt ... Es gibt keine besseren Heilmittel als Sonne und Meer, um wieder auf die Beine zu kommen, aus der Depression herauszufinden. Aber das Meer war kalt, aufgewühlt, und Jacques ging in letzter Zeit nicht mehr oft zum Tauchen. Das Meer, die Unterwasserwelt, die Delfine, die weiten Räume hätten ihm sicher helfen können, denn das waren die Elemente, die sein Leben ausmachten, die ihm alles bedeuteten. Oder vielleicht muss man den Grund für sein Verschwinden in den Worten suchen, die Luc Besson ihn in *Im Rausch der Tiefe* aussprechen lässt: »Weißt du, was man tun muss, um in der Welt der Sirenen zu leben? Du steigst auf den Meeresgrund herab, ganz tief, so tief, dass das Blau nicht mehr existiert. Dort hinunter, wo der Himmel nur noch eine Erinnerung ist. Wenn du dort angekommen bist, in der tiefsten Stille, bleibst du, und wenn du dich entschließt, für sie zu sterben, für immer bei ihnen zu bleiben, dann kommen sie zu dir, die Sirenen, und prüfen die Liebe, die du ihnen entgegenbringst. Wenn sie aufrichtig ist, wenn sie rein ist und du ihnen gefällst, dann nehmen sie dich für immer mit ...«

Enzo Maiorca

Jacques Mayol war mein Lehrer, aber ich hatte auch die Bücher von Enzo Maiorca, meinem zweiten großen Helden – *A capofitto nel turchino* und *Sotto il segno di Tanit* –, verschlungen, seit ich ein kleiner Junge war. Und eines Tages lernte ich ihn endlich kennen. Es war 1991 in Mailand. Ich war begeistert von dem großen Tauchchampion, dem »sizilianischen Apnoekönig«. Wenn ich die Kämpfe verfolgte, die Maiorca und Mayol sich lieferten, ergriff ich weder für den einen noch für den anderen Partei, ich war nur von ihren Leistungen fasziniert. In den 1950er-Jahren glaubte man noch, dass kein Mensch unter eine Tiefe von 50 Metern absteigen könnte, ohne vom Wasserdruck zerquetscht zu werden, eine Vorstellung, die auf den Erkenntnissen eines französischen Mediziners namens Cabarrou beruhte, des Betreuers von Cousteaus Mannschaft, der eine wissenschaftliche Autorität in der Apnoewelt darstellte. Enzo Maiorca hat diese magische Grenze als Erster in Frage gestellt und sie im August 1961 überschritten. Es zeugt von außergewöhnlicher geistiger Stärke, dass er sich über dieses Tabu hinwegzusetzen wagte, und das macht in meinen Augen die Größe eines Sportlers aus. Ich habe Enzo mehrmals wiedergesehen, aber wir hatten nie die Möglichkeit, zusammen zu tauchen. Er ist ein Humanist, der in den großen Mythen der Antike lebt und besonders mit den Geschichten des alten Griechenlands vertraut ist, vor allem der Odyssee. Maiorca wollte sogar Odysseus' Spuren folgen und die Reise des antiken Helden noch einmal machen. Maiorca ist ein bodenständiger Mensch, sehr familienverbunden – seine Töchter wurden ebenfalls große Apnoetaucherinnen –, der Italien und vor allem Sizilien liebt, seine Heimatstadt Syrakus mit ihrer schönen Küste. Auch darin unterscheidet er sich von Mayol, der aus einer zerrütteten Familie stammte, Kosmopolit war und sich als Weltbürger verstand.

In Italien bleibt Enzo Maiorcas Tiefenrekord von 80 Metern unvergessen, der live im Fernsehen übertragen wurde. Beim Abstieg hatte Enzo sich den Kopf an den Sauerstoffflaschen eines Kameramanns gestoßen. Wutentbrannt stieg er aus dem Wasser und beschimpfte vor laufender Kamera die Sendeleiter, bis die Techniker den Ton abstellten, aber man konnte sehr gut von seinen Lippen ablesen, was er sagte! Das ist eine Episode, die in Italien noch heute lebendig ist.

Enzo Maiorca erzählte mir, dass er Raucher war und erst einen Monat vor den Wettkämpfen, wenn er mit dem Training anfing, die Zigaretten verbannte. Sein Training war nicht so methodisch und wissenschaftlich fundiert wie heute üblich, er befolgte keinen genauen Zeitplan. Enzo wartete einfach, bis die Fischerboote in den Hafen zurückkehrten. Wenn die Fischer ihren Fang abgeladen hatten, stieg er in eins der Boote und fuhr zum Trainieren aufs offene Meer hinaus. Anfangs stieg er mit einer »Büchse« ab, wie er es nannte, einem alten Unterwassergewehr, das mit Blei geladen war und ihm als Schlitten beim Tauchen mit variablem Gewicht diente. Sein Training war also ziemlich »hausbacken«, bevor er seine sensationellen Rekorde aufstellte. Das wäre heute ganz und gar undenkbar.

Während Mayol mit dem Meer verschmelzen wollte, eins sein mit dem nassen Element, hatte Maiorca schon als Kind beim Tauchen genau das Gegenteil versucht, das heißt, er wollte sich eine Welt aneignen, die nicht die seine war. Das sind zwei völlig gegensätzliche Ausgangspunkte. In seinem Buch *A capofitto nel turchino* (1977) beschreibt Enzo seine Tauchphilosophie folgendermaßen:

»Auf der einen Seite war das Meer, dem ich mich entgegenstellte, klein, winzig, mit meinem Fleisch, meinen Knochen, meinen Muskeln, meinem Gehirn und meinem Herzen. Aber während ich aus lauter einzelnen Schichten bestand, dem Fleisch, den Knochen, den Muskeln, dem Geist, dem Herzen, war das türkisblaue Meer eins. Ich war mir bewusst, ein Ganzes zu sein, das sich aus mehreren Elementen zusammensetzte, aber das Meer war nicht ein Ganzes aus mehreren Ganzheiten, sondern eine einzige majestätische Einheit, ein gewaltiges Rätsel, das niemals eine endgültige Antwort geben wird.«

Enzo erzählte mir, wie er eines Tages einen Freund, den er seit seiner Kindheit kannte, auf dem Meer verlor. In seiner Trauer saß er allein auf einem Felsen und starrte auf die Wellen in der Ferne. Ein Fischer, der ihn oft zum Training mit hinausnahm aufs Meer, sah ihn und ging zu ihm, legte ihm die Hand auf die Schulter und sagte: »Du kannst es nicht ändern«, dann fügte er auf Sizilianisch einen Satz hinzu, den Enzo Maiorca oft weitergegeben hat: *»O mare è o mare.«* Das Meer ist das Meer. Man muss es nehmen, wie es ist, immer und zu allen Zeiten, nicht nur das Schöne, das es uns gibt, sondern auch das Tragische.

Was mir an Enzo gefällt, sind seine Aufrichtigkeit, seine Loyalität, die Poesie in seinem Leben, die in den Worten seines letzten Buches, *Il Mare con un M maiuscolo* (2001), zum Ausdruck kommt: »Das Fenster meines Kinderzimmers in Syrakus ging aufs Meer hinaus. Wenn der Wind von der See her blies, der ›Greco‹, der aus dem Osten kam, oder der Scirocco aus Afrika, schüttelte er mit aller Gewalt die Äste der beiden einzigen Kiefern im Garten. Es war, als wollte das Meer zu mir in mein Zimmer heraufkommen, denn der Wind schleuderte oft Gischtfetzen hoch und peitschte sie gegen das Fenster. Sobald der Sturm sich legte und das Toben der Wellen nachließ, verwandelte sich der Schaum am Fenster in kleine Salzpailletten, die mir nicht eine, sondern hundert Sonnen oder eine ganze Sternenkonstellation auf die Scheiben zauberten und die ich entzückt bewunderte.«

Jacques Mayol und Enzo Maiorca, beide zusammen haben sie die Legende des Apnoetauchens begründet.

Im Bann der Tiefe

Gefühle

Es lässt sich nur schwer beschreiben, was man bei einem Apnoetauchgang empfindet, weil man von so vielfältigen Eindrücken überflutet wird, die dahinschwinden, sobald man wieder an die Oberfläche kommt. Um ausdrücken zu können, was ich fühlte, konzentrierte ich mich während einer Trainingsperiode jeden Tag auf eine bestimmte Etappe des Abstiegs und registrierte genau, was mir dabei durch den Kopf ging. Wenn ich aus dem Wasser stieg und ins Boot geklettert war, notierte ich meine Eindrücke sofort auf einem Blatt Papier. Am ersten Tag konzentrierte ich mich zum Beispiel auf den Augenblick, in dem ich noch im Boot stand, kurz vor dem Einstieg ins Wasser, am zweiten Tag auf die Empfindungen, die mich zwischen dem Einstieg ins Wasser und dem Augenblick durchströmten, in dem ich auf den Tauchschlitten stieg, und am dritten Tag auf die Gedanken, die mir auf den ersten zehn Metern durch den Kopf gingen, und so weiter. Ich notierte 20 Tage lang sorgfältig alle Empfindungen, Gefühle, Überlegungen, und mit der Zeit war ich in der Lage, die emotionalen und mentalen Zustände während eines Apnoetauchgangs zu rekonstruieren, auch wenn natürlich jeder Tauchgang einzigartig ist und du ihn anders wahrnimmst.

Ich bin locker, ich bin entspannt, ich bin gelöst. Ich bin soeben vom Heck des Sicherungsschiffs ins Wasser gestiegen, und schon wiederhole ich im Geist diese Worte: »Ich bin locker, ich bin entspannt, ich bin gelöst.« Ich muss mir einreden, dass es so ist, ich bete diese Litanei herunter wie ein Besessener.

Kurz bevor ich ins Meer gestiegen bin, haben mir die Männer meiner Mannschaft einer nach dem anderen auf die Schulter geklopft: Keiner hat ein Wort gesprochen, aber diese Berührung hat mir Sicherheit gegeben. Und einen heftigen Schauder verursacht. Jetzt dringt das Wasser in meinen Anzug ein, umhüllt meinen Körper und verjagt den Schauder und alle erdgebundenen menschlichen Empfindungen. Ich trete in eine andere Dimension ein.

Mit langsamen Flossenschlägen nähere ich mich dem Schlitten. Das Meer um mich herum reflektiert seinen ganzen Azur. Die Tiefe unter mir ist dagegen von einem dunklen, absoluten Blau. Nur eine weiße Linie, die das Meer in zwei Hälften zu teilen scheint, bricht die Einheit von Farbe und Licht. Es ist das Abstiegsseil, das mich in die Tiefe führen wird, dort, wo ich hinwill. Ich fühle mich allein, bin verstört, wie verlassen. Dabei müsste ich nur den Kopf heben, dann könnte ich sehen, dass das nicht wahr ist. Meine Mannschaft, die Sicherungstaucher, Fotografen, Journalisten, die Kampfrichter, meine Freunde, meine Mutter sind nur wenige Meter von mir entfernt, sind bei mir. Aber ich will nicht sehen, was vorgeht, ich will nichts sehen. Ich muss einzig in mich selbst hineinschauen, ohne Hilfe von außen zu suchen. Ich darf auf niemanden angewiesen sein. Ich und kein anderer gehe dort hinunter – und ich werde dort ganz allein sein.

Dann spähe ich erneut in die Tiefe, versuche so weit wie möglich zu sehen. Ich möchte, dass mein Blick weiter reicht, ich weiß nicht, wohin, aber über die Grenzen. Es würde mir schon genügen, wenn ich die Stelle sehen könnte, zu der ich vordringen werde, doch ich kann es nicht. Man könnte meinen, die Sonnenstrahlen wollten mir helfen, sie durchbrechen die Oberfläche und dringen gewaltsam in die Tiefen. Sie zeigen mir eine Richtung, fordern mich auf, ihnen zu folgen. Aber ich muss ruhig bleiben: Ich kann nicht sofort dahin aufbrechen, ich bin noch nicht bereit.

Ich erreiche die Plattform, an der der Tauchschlitten befestigt ist. Bevor ich aber hinaufklettere, bevor ich den Kopf aus dem Wasser strecke, will ich ein letztes Mal meinen Ozean in mich aufnehmen. Ein langer Abstieg wartet auf mich, dutzende und aberdutzende Meter Tiefe, bevor ich mich meiner Aufgabe stelle, das Meer herauszufordern. Ich kann einen Kampf gewinnen, den ich gegen mich selbst oder einen Gegner führe, doch ich kann niemals das Meer besiegen. Nicht ich beherrsche das Meer, sondern das Meer lässt sich von mir beherrschen.

Ich bin jetzt auf der Plattform. Ich wiederhole mir: »Ich bin locker, ich bin entspannt, ich bin gelöst.« Ich lasse den Abstieg vor meinen Augen vorüberziehen, vom Eintritt ins Wasser bis zur Rückkehr an die Oberfläche. Ich sehe mich langsam ins Wasser gleiten, ich sehe, wie die Bläue meine Beine umschlingt, meinen Körper aufsaugt, meine Gedanken beherrscht. Ich höre im Geist laut und deutlich das Signal, das mir die Sicherungstaucher alle dreißig Meter geben. Ich steige weiter ab, ich sehe die Kontrollplakette ganz unten am Grund. Ich nähere mich rasch, reiße sie ab und kehre sofort zum Licht zurück. Im Geist habe ich den Rekord schon aufgestellt. Jetzt muss ich mich vorbereiten und die Sache körperlich angehen. Ich muss mir selbst beweisen, welche Tiefe ich erreichen kann, in welcher Tiefe »mein« Ozean liegt. Ich konzentriere mich auf meine Atmung. Ich atme langsam ein und aus: Ich spüre, wie mein klopfendes Herz sich beruhigt, wie meine Muskeln sich entspannen.

Mein Geist ist konzentriert, mein Körper bereit. Körper und Geist sind in vollkommener Harmonie. Eine psychologische Barriere um mich herum trennt mich vom Rest der Welt. Ich hebe den Arm, öffne die Hand, und mit dem Ruf »Fünf!« durchbricht Robertos Stimme das fast andächtige Schweigen, das sich eingestellt hat. Es sind jetzt nur noch fünf Minuten bis zum Start. Ich kann nicht mehr zurück, ich kann mir kein Zögern erlauben. In fünf Minuten muss ich unwiderruflich beginnen. Ich bin völlig ruhig, in Frieden mit mir selbst. Ich weiß, dass sich diese Geisteshaltung beim Abstieg verstärken wird, doch muss ich sie jetzt schon erreicht haben, bevor ich ins Wasser eintauche. Ich darf die Abgeklärtheit nicht anderswo suchen, ich muss sie zuerst in mir selbst finden.

Nur noch vier Minuten bis zum Start. Ich wiederhole unablässig: »Ich bin locker, ich bin entspannt, ich bin gelöst.«

»Drei!« Ich öffne leicht die Augen und sehe die Sicherungstaucher einen nach dem anderen unter der Wasseroberfläche verschwinden.

»Zwei!«, brüllt Roberto. Ich hebe den Kopf, ich schaue ihn an. Wir sind Komplizen, verstehen uns ohne Worte. Ich zwinkere ihm zu. Und er antwortet mir, wie in Zeitlupe, mit Gesten, indem er den Kopf von oben nach unten bewegt.

Ich atme tief und regelmäßig weiter. Je mehr Zeit vergeht, desto entspannter bin ich, aber um mich herum steigt die Spannung.

»Eins!« Ich setze meine Nasenklammer auf. Ich schaue in die Ferne, dorthin, wo der Himmel mit dem Meer verschmilzt. Und dann sehe ich die Sonne. Ich spüre ihre Wärme. Ich weiß, dass sie ein paar Minuten lang verschwinden wird. Ihre Strahlen dringen nicht in die Tiefe, das Blau ist zu intensiv, zu tief, absolut. Ich lächle in die Sonne. Lächeln ist etwas Positives, man darf einen Abstieg nie mit einem negativen Gedanken beginnen, deshalb lächle ich.

»Null!« Ich bekreuzige mich.

Ich schließe die Augen. Ich hebe langsam die Hand. Ich atme ein letztes Mal ein, sehr tief. Sobald ich die Hand hebe, spüre ich, wie der Schlitten sich löst. Ich bin gestartet. Die Wasserlinie gleitet über mein Gesicht. Ich bin von der Luft ins Wasser eingetreten. Der Abstieg in die blaue Tiefe hat begonnen. Ich habe das Meer herausgefordert, die Tiefe.

Auf den ersten Metern kontrolliere ich den Schlitten, der mich getreulich bis zum Boden begleiten wird. Die Bremse funktioniert perfekt, der Abstiegswinkel ist richtig, die Flossen liegen gut im Kielwasser. Ich kompensiere zum ersten Mal. Mein Körper reagiert optimal. Zum Glück! Ich kann mir hier keine Probleme erlauben, nur wenige Meter unter der Oberfläche. Irgendwann kommt der Augenblick, an dem ich meine Reserven mobilisieren, Opfer bringen muss, aber das darf erst gegen Ende der Fall sein, wenn ich den aktuellen Rekord überschreite.

Die Abstiegsgeschwindigkeit nimmt allmählich zu. Tausend Gedanken überschwemmen meinen Geist. Ich höre das erste akustische Signal von Stefano. Ich bin auf 30 Metern. Sein Signal ist vor allem eine psychologische Hilfe. Ich brauche keine äußeren Zeichen. Meine Ohren funktionieren wie ein ultrasensibler Tiefenmesser. Der Körper registriert, empfindet, fängt auf.

»Ich bin locker, ich bin entspannt, ich bin gelöst.«

Das Meer ist jetzt von einem freundlichen, vertrauten Blau. Es ist das Blau, in dem ich aufgewachsen bin.

Ich bin auf etwa 50 Meter Tiefe.

Alles ist bestens, ich bin ruhig. Ich steige weiter ab und muss beinahe lächeln bei dem Gedanken, dass diese Tiefe in der Unterwassermedizin lange Zeit als maximale Grenze angesehen wurde, die der Mensch erreichen kann, ohne zerquetscht zu werden oder unter der Wirkung das Wasserdrucks zu implodieren.

Ich erlebe ein außerordentliches Glücksgefühl, sehr starke Empfindungen. Das Signal von Ivano kommt pünktlich. Ungefähr 60 Meter trennen mich jetzt von der Oberfläche. Ich habe fast die Höchstgeschwindigkeit erreicht. Die Meter fliegen vorüber, aber ich zähle nicht einmal mit. Ich bin nur noch eins mit dem Meer. Ich weiß, dass ich ein Mensch bin, der atmen muss, aber ich spüre, dass ich es nicht mehr brauche.

70 Meter. Eine Tiefe, die von den U-Booten des Zweiten Weltkriegs nicht erreicht wurde.

Und endlich kommt es. Ich warte darauf, seit Roberto den Schlitten gelöst hat, seit ich ins Wasser eingetaucht bin. Es begleitet mich auf jedem Tauchgang, es stellt sich immer in dieser Tiefe ein. Es ist der wahre Grund, warum ich unter Wasser gehe: das starke, unbeschreibliche Gefühl, das meinen Körper erfüllt. Es geht von unten aus, von den Füßen, und steigt allmählich höher. Dort, wo es sich ausbreitet, verdrängt es jedes körperliche Gefühl – das ist, als existiere der Körper nicht mehr, ich spüre nur noch meinen Kopf.

Ich öffne halb die Augen. Ich spähe nach unten. Ich sehe einen fahlen Lichtkegel, der unter mir zusammenschrumpft, bis nur noch ein winziger Punkt übrig ist. Das ist aufregend, denn genau dort ist die Stelle, die ich überschreiten werde.

Das Blau wird immer intensiver, ich durchschneide es mit meinem Körper. Ich dringe in das Meer ein. Alles ist wunderschön, aber ich muss mich gegen die Stille, die Dunkelheit, die Kälte wappnen.

Ich bin auf 90 Metern. Diesmal schickt Samuel mir das akustische Signal. Ich kompensiere sehr gut. Ich bin in voller Fahrt. Ich spüre, wie mein Gesicht deformiert, unter dem Wasserdruck zermalmt wird. In dieser Tiefe drückt eine Kraft von elf Kilo auf jeden Quadratzentimeter meines Gesichts. Je weiter ich absteige, desto mehr nimmt diese Kraft zu.

Das Blau ist jetzt anders: verschlingend, berauschend, mächtig. Ich muss ruhig bleiben. Wieder bete ich mir vor: »Ich bin locker, ich bin entspannt, ich bin gelöst.« Mein Herzschlag hat sich stark verlangsamt, aber das kümmert mich nicht.

Von jetzt an bin ich in der Welt des Schweigens und der Finsternis, der Schatten und Geheimnisse. Niemand weiß, was in diesen Tiefen mit einem Menschen geschieht. Mein Körper leidet jetzt und ächzt: Der Druck zerquetscht die Muskeln, deformiert die Haut, verwandelt mich. Ich würde gern meine rechte Hand auf die Bremse legen, um das Abstiegstempo zu drosseln und vielleicht anzuhalten. Aber eine innere Stimme heißt mich weitermachen. »Na los, nicht anhalten, dazu bleibt dir noch alle Zeit der Welt.« Es ist dieselbe Stimme, die mir eines Tages sagen wird: »Umberto, jetzt ist es genug.« Und so wie ich heute auf diese Stimme höre, werde ich es auch an jenem fernen Tag tun. Ich bin Körper und Geist. Der Körper leidet, aber der Geist ist stärker, und so gleiten die Meter vorüber. Ich muss durchhalten: In wenigen Sekunden werde ich das Ende des Abstiegs erreichen.

Hier ist das Meer unerbittlich, aggressiv, beinahe brutal. Ich darf mir keinen Fehler erlauben. Die Tiefe kennt kein Pardon, nicht aus Grausamkeit oder Zynismus, sondern einfach, weil sie nicht anders kann.

Plötzlich ein kleiner Aufprall, und mein Schlitten kommt zum Stehen: Ich bin angekommen. Widersprüchliche Gefühle steigen in mir auf. Zuerst bin ich euphorisch, denke: »Na bitte, ich hab's geschafft!« Und gleich danach: »Noch lange nicht. Ich bin ganz unten auf dem Grund. Die Oberfläche ist unendlich weit weg.«

Mein Herz schlägt extrem langsam: ein Schlag alle sieben Sekunden, acht oder neun Schläge pro Minute. Meine Lungenflügel sind kaum größer als ein Apfel, eine geballte Faust: ein Drittel ihres ursprünglichen Volumens.

Ich muss so konzentriert wie möglich bleiben. Aber ich spüre eine seltsame Regung. Ich möchte die Augen öffnen, um mich blicken, sehen, was mich umgibt, dort unten auf dem Grund. Massimo hat mir immer davon abgeraten, weil die geisterhafte Landschaft einen negativen Einfluss auf mich ausüben könnte. Aber die Versuchung ist zu stark. Ich will antworten können, wenn mich jemand fragt: »Was siehst du denn eigentlich da unten? Was gibt es dort?«

Mein Entschluss ist gefasst, ich wage es, die Augen zu öffnen. Vor mir sehe ich Massimo und Alberto, meine beiden Schutzengel. Sie sind da, hochkonzentriert, alarmbereit. Sie verstehen nicht, was ich tue, warum ich die Augen offen halte und sie anstarre. Der Druck und die riesigen Schutzlinsen verzerren mein Gesicht zu einer grotesken Fratze. Massimo und Alberto werden unruhig. Ich muss ihnen signalisieren, dass alles in Ordnung ist. Da ich nicht sprechen kann, lächle ich. Ich möchte sie umarmen, ihnen danken.

Plötzlich durchläuft mich ein heftiger Schauer. Es ist das erste Mal, dass mir das passiert. Vielleicht weil ich meinen Sicherungstauchern in die Augen gesehen habe. Ich weiß, dass sie das Gleiche fühlen wie ich. Ich sehe die Blasen von ihrem Schlauchgerät nach oben steigen, wie um mir die Richtung anzuzeigen, die ich nehmen muss. Ich schließe die Augen wieder. Jetzt muss ich meine Konzentration wiederfinden.

Ich möchte auf dem Grund bleiben, um so lange wie möglich diese unbeschreibliche Dimension zu erleben, jenseits der vertrauten Welt. Ich weiß, wenn ich an die Oberfläche aufsteige, wird das alles allmählich verblassen. Es ist wunderschön, aber ich muss zurückkehren. Ich kann nicht länger hier verweilen. Ich bin ein Mensch, ich muss wieder atmen. Dort oben, an der Oberfläche, wartet eine Welt auf mich, die reich an Gefühlen ist. Die Oberfläche, das ist die Sonne, meine Mutter, alle, die ich liebe. Dort hinauf gehe ich.

Ich lasse den Schlitten an der Stelle, an der wir gelandet sind, er und ich, und stoße mich mit großen Flossenschlägen nach oben. Ich packe das Seil, so fest ich kann, ich umklammere es mit aller Kraft: Ich halte mein Leben in meinen Händen.

Ich steige weiter auf und spüre, dass mein Körper wieder normal wird. Ich strebe dem Leben entgegen, dem Licht, der Luft – der Luft, die ich seit zwei Minuten nicht mehr geatmet habe. Ich möchte schreien, so laut ich kann: »Ich komme!«

Ich stoße mich gleichmäßig mit den Armen aufwärts, helfe mit einem leichten Beinschlag nach. Ich nehme das 60-Meter-Signal wahr. Ich bin erst auf halber Strecke. Nein, halt, ich muss es positiv sehen, wie Massimo immer sagt. Ich wiederhole mir also: »Ich bin auf halber Strecke, ich habe schon die Hälfte des Aufstiegs geschafft, der Rest ist eine Kleinigkeit.« Dann bete ich wieder meine Litanei herunter: »Ich bin locker, ich bin entspannt, ich bin gelöst.«

Obwohl ich die Augen geschlossen halte, nehme ich wahr, dass das Licht stärker wird, das Dunkelblau immer heller, dass es sich allmählich in Azurblau verwandelt. Ich muss meinen Geist beschäftigt halten, an etwas Schönes denken. Also führe ich mir »meinen« Ozean vor Augen, seine Farben, sein Leben: Es gibt mehr Farben im Meer als in unseren Bildern, mehr Lebensformen, als unsere Fantasie sich träumen lässt.

Diese Gedanken erfüllen mich mit Frieden. Und die Meter gleiten weiter vorbei. Die Distanz, die mich von der Oberfläche trennt, nimmt rapide ab. Auf 20 Metern sehe ich deutlich die Sonne, die ich angelächelt habe, bevor ich hinuntergegangen bin. Die Silhouette der *Anfitrite*, unseres Basisschiffs, nähert sich. Ich lege die letzten Meter zurück, die schwierigsten, die gefährlichsten. Ich muss ruhig bleiben. Ein euphorisches Gefühl erfasst mich. Ich habe eigentlich keine Lust hochzukommen, den Kopf aus dem Wasser zu strecken.

Ich möchte langsamer aufsteigen, vielleicht anhalten, aber die Schubkraft meines Anzugs lässt das nicht zu. Mit einem Schlag durchstoße ich die Wasseroberfläche. Ich bin wieder an der Luft.

Ich könnte jetzt wieder atmen, aber ich zögere es noch hinaus. Sofort verblassen die Wahrnehmungen und Empfindungen, die mich bisher begleitet haben. Ich bin in die gewohnte Dimension zurückgekommen, ich habe meine Erdennatur wieder angenommen.

Und doch halte ich weiter den Atem an! Ich hebe den Kopf, ich öffne die Augen, ich lächle wieder in die Sonne.

Jetzt kann ich den Mund öffnen, die Luft einatmen, aber ich tue es ganz langsam. Der erste Atemzug, wenn man wieder auftaucht, ist ein überwältigender Moment, von einer Bedeutung erfüllt, die nur ein Apnoist begreift. Danach werde ich millionenmal atmen, aber der erste Atemzug nach dem Auftauchen, der ist anders als alle anderen.

Schreie, Schiffssirenen, Freunde, die sich ins Wasser stürzen, Helikopter, Boote ... Ich schließe einen Augenblick die Augen, ich bleibe mit mir selbst allein und denke an meine Anfängerzeiten, die jetzt Jahre zurückliegen, als ich allein in meinem Ruderboot aufs Meer gefahren bin, um zu trainieren ... Das war vielleicht sogar noch schöner!

Ich bekreuzige mich. Vor dem Abstieg habe ich mit dieser Geste um Schutz gebeten, jetzt will ich meinen Dank damit ausdrücken.

Diese starken, beglückenden Empfindungen, wie ich sie schon in meinem Buch *Profundamente* (1997) beschrieben habe, erlebte ich bei allen meinen Rekorden, die ich nach meinen Reisen auf die Malediven, auf die Turks- und Caicos-Inseln und ans Rote Meer aufstellte, auch wenn ich letztendlich das Mittelmeer vorziehe.

Ich hatte erfahren, dass Pipin, der später mein Hauptrivale wurde, einen neuen Rekord von 92 Metern mit variablem Gewicht aufgestellt hatte. Ich fasste sofort den Entschluss, ihn zu überbieten, und fing, gut vorbereitet durch meine langen Tauchgänge in den südlichen Meeren, auf Elba mit einem intensiven Training an. Gianluca Genoni übte mit mir. Zu der Zeit war er Sicherungstaucher an der Oberfläche, heute ist er einer der besten italienischen Apnoisten. Er ist sehr groß, fast zwei Meter, und wir haben ihm den Spitznamen *Nano* – Zwerg – gegeben. Ich war entschlossen, mich dauerhaft durchzusetzen und mich nicht nur mit einem Achtungserfolg zu begnügen, und so eroberte ich innerhalb eines Jahres –

1991 – die drei Weltrekorde im Apnoetieftauchen. Zum ersten Mal wurde ich nun von einem Ärzteteam betreut, und die Ärzte diagnostizierten eine Anomalie meines Hämoglobinwerts: Er war tatsächlich sehr niedrig, ungefähr neun Gramm pro Deziliter, während der normale Wert 15 bis 16 Gramm beträgt. Die Ärzte empfahlen mir, mein Training abzubrechen und die Rekordversuche auf später zu verschieben, sie verschrieben mir Eisen und andere Medikamente, aber ich ließ mich nicht beirren und bereitete mich umso intensiver vor, völlig taub für ihre Ratschläge. Ich fühlte mich gesund, stieg jeden Tag ein bisschen tiefer ab, und Jacques Mayol bestärkte mich in meinem Entschluss. »Manche Dinge lassen sich nicht erklären«, meinte er. »Das Entscheidende ist die geistige Kraft, die psychische Vorbereitung.« Und die hatte ich. Als Erstes errang ich den Rekord mit konstantem Gewicht bei 67 Metern. Freitauchen mit konstantem Gewicht ist die härteste und unerbittlichste Prüfung in körperlicher wie in mentaler Hinsicht: Man steigt mit den Flossen ab und wieder auf. Du musst mit deiner Energie extrem haushalten, vor allem auf geistiger Ebene. Wenn du tiefer absteigst als ein anderer Taucher, ist das ein Beweis, dass du stärker bist als er. Die Leistung hängt nicht von einem Tauchschlitten oder Hebeballon ab, sondern einzig von der geistigen Kraft, von der Technik und Vorbereitung des Apnoisten.

Ein paar Tage später, am 22. Oktober 1991, habe ich den bisherigen Rekord mit variablem Gewicht eingestellt: Abstieg auf 95 Meter, mit einem Tauchschlitten, Kopf voraus, Aufstieg mit der Kraft der Arme und Flossen. Ich bediente mich dabei des Schlittens von Jacques Mayol, einer legendären Vorrichtung. Und ich hatte schreckliche Angst, dass ich ihn beschädigen würde. Damals stieg man mit dem Kopf voraus ab, und das Kompensieren war viel schwieriger, weil man die Luft, die in den Lungen gespeichert war, in die Ohren verlagern und daher nach unten drücken musste, in eine Richtung, die alles andere als natürlich ist, denn Luft hat die Tendenz, nach oben zu steigen.

Champagner und Trommelfell

Jetzt blieb mir nur noch, den Rekord im No-limit einzustellen. Am 23. Oktober überschritt ich im Training zum ersten Mal die 100-Meter-Marke! Es war ein großer Tag, zumal für einen so jungen Taucher wie mich. Ich war damit in den kleinen Kreis von Tauchchampions aufgestiegen, die diese mythische Grenze überschritten hatten. Aber Pipins Rekord betrug 115 Meter, was mich dazu anspornte, ein paar Tage später einen neuen Rekord von 118 Metern aufzustellen.

Ich kann mich immer kaum halten vor Freude, wenn ich einen neuen Rekord aufgestellt habe und aus dem Wasser auftauche. Ich möchte dann am liebsten die ganze Welt umarmen, ein rauschendes Fest feiern und die monatelange harte Arbeit vergessen, die hinter diesen wenigen Minuten steckt. An jenem Tag sah ich in der größten Euphorie, als ich noch kaum aus dem Wasser aufgetaucht war, durch meine Tauchlinsen die verzerrte Gestalt eines Mannes, der rasch auf mich zuschwamm und mir einen Klaps auf den Kopf gab. Es war Jacques Mayol, der mich lachend begrüßte. Er umarmte mich und sagte: »Ich bin stolz auf dich.« Diese Worte, dieser Augenblick werden mir immer in Erinnerung bleiben.

Das Fest war in vollem Gang, der Champagner floss in Strömen, die Freunde lachten und sangen. Ich hatte die Kapuze meines Tauchanzugs abgenommen und war gerade ins Boot gestiegen, als jemand auf die glorreiche Idee kam, mich wieder ins Meer zu werfen. Mein Kopf knallte mit voller Wucht auf der Wasserfläche auf … und mir platzte ein Trommelfell. Und das, nachdem ich gerade 118 Meter auf den Meeresgrund getaucht war, ohne den winzigsten Kratzer abzubekommen! Es war ein Scherz, der mich teuer zu stehen kam: Drei Monate lang konnte ich keinen Fuß ins Wasser setzen.

Unterdessen hatte Pipin den Rekord mit konstantem Gewicht zurückerobert, und ich war entschlossen, ihn bei der Taucholympiade in Ustica zu überbieten. Die sizilianische Insel Ustica vor Palermo ist bei Tauchern sehr beliebt. Jacques Mayol und Enzo Maiorca haben hier zahlreiche Rekorde aufgestellt, und Jacques-Yves Cousteau war Ehrenbürger der Insel. Im September 1992 treffe ich also dort auf Pipin, jeder von uns mit seiner eigenen Mannschaft. Und am 17. hole ich mir den Weltrekord mit konstantem Gewicht zurück, indem ich auf 70 Meter hinuntergehe. Bei der Olympiade will Pipin die 100-Meter-Grenze überschreiten und auf 101 absteigen, hat aber ein Black-out.

Auf den Rat von Hughes Dessault, dem berühmten französischen Champion der Unterwasserjagd, befestige ich zum ersten Mal Gewichte an meinen Handgelenken – zwei Bleiarmbänder von je 500 Gramm –, anstatt sie mir um die Taille zu binden. Auf diese Weise ist der Ballast in einem einzigen motorischen Punkt konzentriert, der den Körper in die Tiefe zieht, anstatt sich gleichmäßig über den ganzen Körper zu verteilen, wie es bei einem Bleigürtel um die Taille der Fall ist.

Ein Jahr darauf trenne ich mich beim Tauchen mit variablem Gewicht von Jacques Mayols altem Schlitten und nehme stattdessen einen Schlitten, mit dem ich aufrecht absteigen kann. Die Luft, die in meinen Lungen gespeichert ist, hat die Tendenz, nach oben in die Luftwege und Trommelfelle zu steigen, so dass es einfacher ist, mit dem Kopf nach oben zu kompensieren.

Pipin hatte mit 120 Metern einen neuen Rekord mit variablem Gewicht No-limit aufgestellt, den ich jetzt zurückerobern wollte. Außerdem hatte er meinen Rekord mit variablem Gewicht um einen Meter überboten und ihn so auf 96 Meter verbessert.

Mein Verhältnis zu Pipin war anfangs entspannt und freundschaftlich, verschlechterte sich aber im Laufe der Zeit wegen unserer Rivalität bei den Wettkämpfen – mit allem, was das an Missstimmung und Ressentiments mit sich bringt. Es gab Phasen, in denen die Polemik, die zwischen uns aufflammte, hohe Wellen schlug. Aber unsere Streitereien gingen nie unter die Gürtellinie und betrafen ausschließlich das Tauchen. Wir haben uns nie persönlich angegriffen und immer den Respekt voreinander gewahrt.

Im Übrigen war die Rivalität zwischen uns äußerst stimulierend und hat bei uns beiden den nötigen Kampfgeist beflügelt. Und es ist auch immer besser für den Sport, wenn zwei Spitzensportler miteinander wetteifern, als wenn ein unbestrittener Champion automatisch alle Siege davonträgt.

Die Distanz, die sich zwischen uns ergeben hatte, schwand allerdings nach dem tragischen Tod von Pipins Frau, der großen Apnoistin Audrey Mestre, im Oktober 2002. Ich hatte meine Schwester gebeten, Pipin mein Beileid auszusprechen. Einige Tage später, als ich in Ligurien trainierte, meldete sich Pipin telefonisch. Wir hatten seit zehn Jahren nicht mehr miteinander gesprochen. Er war unendlich traurig und erklärte mir, dass es sehr wichtig für ihn sei, die Streitaxt zu begraben, denn Audrey habe ihn seit Jahren gedrängt, sich mit mir auszusöhnen. Wir würden ihr also einen Herzenswunsch erfüllen, wenn wir uns eines Tages wieder zusammensetzten und miteinander redeten. Die Welt der Apnoetaucher ist wie eine große Familie: Es mag manchmal Streit zwischen einzelnen Mitgliedern geben, aber wir rücken sofort zusammen, wenn einer von uns einen schweren Schicksalsschlag erlitten hat.

Im Oktober 1993 trainierte ich mit dem neuen Schlitten, mit dem ich aufrecht absteigen konnte, auf der Insel Elba. Aber am Tag des Rekordversuchs herrschten katastrophale Wetterbedingungen – Schirokko, aufgewühltes, weiß schäumendes Meer –, und der

Tauchgang musste immer wieder verschoben werden, was eine Zerreißprobe für die Nerven bedeutet. Endlich, am 11. Oktober, überbot ich den Rekord mit variablem Gewicht No-limit mit einer Tiefe von 123 Metern. Ich hatte in organisatorischer Hinsicht eine äußerst komplexe sportliche Leistung erbracht, die eine enorme körperliche und geistige Vorbereitung verlangte ebenso wie eine große Sicherheit und absolute innere Ruhe. Die Schlagzeile auf der ersten Seite der *Gazzetta dello Sport*, der wichtigsten Sportzeitung Italiens, hatte ich mir redlich verdient.

Doch der Wettkampf setzte sich rasanter fort als je zuvor, denn im folgenden Monat eroberte Pipin den Rekord zurück und stieg auf 125 Meter Tiefe ab. Im Juli 1994 verbesserte er seine Leistung in Syrakus auf 126 Meter, dann im November in Florida auf 127 Meter und schließlich auf 128 Meter, diesmal wieder in Syrakus.

Ich stellte zum ersten Mal eine Rekordserie in Sardinien auf, einer Insel, die mir immer mehr ans Herz wuchs und wo ich ein paar Jahre später mein Tauchzentrum eröffnete und mein Haus baute. Hier erzielte ich im Juli 1994 den Weltrekord mit variablem Gewicht von 101 Metern, dann im folgenden Jahr, im Juli 1995, den Rekord mit konstantem Gewicht (72 Meter) und erneut den Rekord mit variablem Gewicht von 105 Metern, eine Leistung, die Jacques Mayol ein paar Jahre zuvor im No-limit erreicht hatte, das heißt Aufstieg mit einem Hebeballon, während ich es allein mit der Kraft meiner Arme schaffte.

Die Langustenhöhle und die Gefahren des Tauchens

Zwischen den Rekordversuchen unternahm ich weite Reisen und nützte jede Gelegenheit, um in die tropischen Gewässer zu kommen, in denen ich so gern trainierte. Wie ich erfahren hatte, organisierte eine Gruppe von Navigatoren und Biologen eine Segelexpedition, um die Korallenriffe an den Bahamas, den karibischen Inseln, um Trinidad, Aruba, Los Roques und alle Inseln in der Nähe von Venezuela zu erforschen. Ich stellte mich als Schiffsjunge und als »Fischer« vor, bat darum, auf einem der drei Katamarane aufgenommen zu werden, und versprach, dass ich frischen Fisch für die ganze Mannschaft besorgen würde. Meine Informatikkenntnisse verschwieg ich wohlweislich, weil ich keine Lust hatte, den ganzen Tag vor einem Computer zu sitzen und Daten einzugeben. Und so erlebte ich drei faszinierende Monate, in denen ich segeln lernte, vor allem aber Meerestiefen von großer Schönheit entdeckte und Bekanntschaft mit wunderbaren Meereswesen schloss. Ich tauchte allein – was ich heute nicht mehr tun würde, weil es zu gefährlich ist – und bewegte mich täglich unter Seekühen, die sich an der Stirn und am Bauch streicheln ließen, großen Rochen, mit denen ich schwamm, Delfinen, die mich eine Zeit lang begleiteten und übermütige Sprünge vollführten. Eines Tages begegnete ich sogar einem Hammerhai. Ich hatte plötzlich das Gefühl, beobachtet zu werden, und als ich den Kopf drehte, fand ich mich fast Nase an Nase mit einem riesigen Hai wieder. In einem Panikreflex zuckte ich heftig zusammen, eine Bewegung, die den Fisch erschreckte. Er schwamm schnell davon, und es war unmöglich, ihn einholen. Wenn er sich angegriffen fühlt, kann der Hammerhai dem Menschen gefährlich werden, man bekommt ihn jedoch selten zu sehen.

Meine Reisegefährten tauchten nur mit Flaschen, und die aufsteigenden Blasen verscheuchten die Fische, die sich mir mit so viel Zutraulichkeit näherten. Sie hörten sich neidvoll meine Berichte an, und schließlich fasste der eine oder andere den Entschluss, Freitauchen zu lernen. Es geht nicht unbedingt darum, so tief wie möglich zu tauchen. Wenn ich hinter einer Seekuh herschwimme, befinde ich mich in vier Meter Tiefe. Entscheidend ist die Frage, ob man mit oder ohne Flaschen taucht. Beim Apnoetauchen lässt du dich gehen, bewegst dich völlig anders. Du kannst die Augen schließen, das Meer auf deinem Gesicht spüren – das Meer, das wie eine Liebkosung ist. Du bist auf der Suche nach der maximalen Durchdringung, konzentrierst sich darauf, deinen Körper zu beherrschen, die Füße zu entspannen, die Schultern, mit dem Meer zu verschmelzen, eins zu sein mit dem Ozean, wie Mayol es formulierte. Das sind Dinge, die man nur beim Apnoetauchen erlebt. Den Sonnenstrahlen folgen, an einer Korallenbank entlang absteigen, hinter einem Delfin herschwimmen, das alles ist auch mit Flaschen möglich, aber es ist nicht das Gleiche. Ein Gerätetaucher geht unter Wasser, weil er sich dort umschauen will, ein Apnoist dagegen, um in sich selbst hineinzuschauen.

Die größte Gefahr, der ich begegnete, ging allerdings weder von Barracudas noch von Haien aus, sondern von harmlosen Langusten. Nach der Expedition mit den Biologen war ich in der Region geblieben, um mein Training auf der Insel Martinique fortzusetzen, im Club Méditerranée, wo Gerätetaucher mich in großer Tiefe absichern konnten.

Eines Tages wollte ich mit ein paar Freunden Fische am Strand grillen. Ich bin immer ein begeisterter Unterwasserjäger gewesen, doch nur, um Fisch für den Tagesbedarf heraufzuholen. Und nur ohne Sauerstoffgerät, denn sonst ist es kein Fischen mehr, sondern Wildern. Ich bin stolz darauf, dass ich unter Wasser jage, und habe nie einen Hehl daraus gemacht. Der Fisch ist mir heilig, so wie der Bison den Indianern. An jenem Tag hatte ich den Auftrag, Langusten heraufzuholen. Ich hatte kurz vorher eine Höhle entdeckt, in der es von Krustentieren nur so wimmelte. Die Höhle hatte eine Öffnung von etwa 20 Metern, war knapp einen Meter hoch und ungefähr 20 Meter lang. Abends, gegen sechs Uhr, tauchte ich in die Unterwasserhöhle hinunter. Ein kleiner Junge, Feliz, hatte mich begleitet und wartete in einem Kanu auf mich. Ich fing ein paar Langusten, aber um mehr zu erwischen, musste ich tiefer in die Höhle eindringen, in die sich die Langusten vor mir flüchteten. Die Höhle war eng, ich hatte keinen Platz zum Umkehren und musste mich rückwärts hinausmanövrieren. Da das Wasser jetzt ziemlich aufgewühlt war, hatte es seine Durchsichtigkeit verloren, und die Sicht war stark eingeschränkt. Ich bewegte mich weiter rückwärts, bis meine Handflächen auf den Felsen trafen: Ich hatte, ohne es zu merken, einen Seitenausgang genommen, anstatt geradewegs hinauszuschwimmen. Ich konnte nichts mehr sehen, das Wasser war trüb, es gab kein Licht, ich wusste nicht mehr, wo der Ausgang war. Blindlings tastete ich mit meiner rechten Hand an der Höhlenwand entlang und stieß nur auf massiven Fels, und bald spürte ich, dass ich mit meinen Kräften am Ende war. Da wusste ich, dass ich es nicht schaffen würde, und bewegte mich einfach in eine x-beliebige Richtung weiter. Und plötzlich hellte das Wasser sich auf, wurde leuchtend blau: die Rettung! Ich stieß mich zum Licht hinauf. Auf etwa sieben Metern hob ich die Augen zu dem durchsichtigen Wasser über mir auf und sah das Gesicht von Feliz. Das ist das Letzte, woran ich mich erinnere. Ich habe keinerlei Erinnerung daran, was dann bis zu dem Augenblick passierte, als ich in dem kleinen Kanu, mit dem wir hergekommen waren, das Bewusstsein wiedererlangte, während Feliz ans Ufer schwamm und Hilfe holte. Ich war am Leben!

In den Nächten, die auf den Zwischenfall folgten, träumte ich immer wieder, dass ich in einer Höhle feststeckte, von Millionen Langustenfühlern eingeschlossen, die mich daran hinderten hinauszuschwimmen. Völlig verstört wachte ich auf, um sofort wieder in einem neuen Albtraum zu versinken.

Es hat mich immer fasziniert, Unterwasserhöhlen zu erforschen, aber nach dem Erlebnis bin ich ein bisschen vorsichtiger geworden.

Die Gefahren des Apnoetauchens dürfen nicht unterschätzt werden, und vor allem darf man niemals allein tauchen. 99 % aller Tauchunfälle passieren, weil der Apnoist unbegleitet und somit nicht gesichert ist. Taucher sind oft Einzelgänger, die sich gern absondern, aber diesem Bedürfnis sollte man keinesfalls nachgeben. Es stimmt zwar, dass du alles besonders intensiv erlebst, wenn du allein tauchst, aber ich weiß inzwischen auch, wie schön es sein kann, wenn du deine Erfahrungen mit jemand anderem teilst, der sich bereithält, um dir notfalls zu helfen. Einer taucht, und der andere bleibt an der Oberfläche, denn in den meisten Fällen ergeben sich die Probleme beim Aufsteigen, kurz bevor der Apnoist wieder auftaucht. Da ist es wichtig, dass jemand gezielt eingreifen kann, selbst wenn er an der Oberfläche bleibt. Heute könnte ich gar nicht mehr allein tauchen. Wenn ich nicht begleitet werde, bin ich innerlich nicht ruhig, und ich bin froh darüber: Für mich ist das kein Zeichen von Schwäche, im Gegenteil, es lässt eine gewisse Reife erkennen.

Die größte Gefahr für einen Apnoisten ist das Black-out. Es handelt sich um einen reflexartigen Bewusstseinsverlust, der auftritt, wenn man zu lange unter Wasser bleibt, ohne zu atmen. Das Black-out entsteht, wenn der Sauerstoffspiegel zu weit abfällt, unter eine bestimmte Grenze, die je nach Individuum und Umständen variiert.

Der Organismus spart dann das Wenige an Sauerstoff, das ihm noch bleibt, für Herz und Gehirn auf, die lebensnotwendigen Organe. Die Lungenfunktion wird aufgehoben, was das Einatmen von Wasser in die Lunge verhindert, und der Betreffende verliert das Bewusstsein. Im Gegensatz zum Sauerstoffanteil, der sich im Blut verringert, steigt der Kohlendioxidanteil im Lauf der Apnoe, da er nichts anderes ist als das Umwandlungsprodukt der Sauerstoffverbrennung im Organismus. Wenn der Unterschied zwischen Sauerstoff- und Kohlendioxidanteil zu gering wird, wird ein Mechanismus ausgelöst, der sich »Abbruch der Apnoe« nennt. Der Taucher hat dann das übermächtige Bedürfnis zu atmen, das sich durch bestimmte Signale, wie Kontraktionen des Zwerchfells, ankündigt. Es ist eine Botschaft des Körpers, die man erkennen muss, da sie immer unmittelbar vor dem fatalen Moment auftritt, wenn der Sauerstoffmangel zum Black-out führt.

Die Hyperventilation – ein forciertes Ein- und Ausatmen vor dem Eintritt ins Wasser, das zu einer Verringerung des Kohlendioxids im Blut führt – hat den Nachteil, dass sie das Auftreten dieser Zwerchfellkontraktionen überdeckt. Jacques Mayol hat mir oft gesagt, dass die Hyperventilation ein Selbstbetrug sei.

Heute ist dieses gefährliche Manöver verpönt. Man verwendet sanfte, leichte Ventilationstechniken, die hauptsächlich auf der Bewegung des Zwerchfells und einer besseren Nutzung der Lungenbasis beruhen. Diese Techniken verringern weder den Kohlendioxidanteil, noch überdecken sie das Bedürfnis zu atmen. Außerdem ist es auf diese Weise möglich, den Tauchgang mit einer langsamen Herzfrequenz zu beginnen, während nach einer Hyperventilation Herzfrequenzen von über 100 Schlägen pro Minute gemessen wurden.

Es ist ein Glück, dass dieses Black-out existiert, so paradox es auch klingen mag, denn so hat der Apnoist die Möglichkeit, sich helfen zu lassen, während er sonst ganz plötzlich sterben würde, ohne Hoffnung auf Rettung. Im Falle eines Black-out muss der Taucher sofort an die Oberfläche gebracht werden, damit er wieder atmen kann.

Während ein Apnoist einem Black-out zum Opfer fallen kann – wenn er allein ist –, besteht beim Gerätetauchen das Hauptproblem in der Gefahr der Embolie. Die Gasembolie entsteht durch die Bildung von Gasblasen in den Blutgefäßen als Folge eines drastischen Druckabfalls. Diese schwere Beeinträchtigung des Organismus kann vermieden werden, wenn der Taucher beim Aufsteigen eine Idealgeschwindigkeit von zehn Metern pro Minute einhält und Dekompressionsschwellen einbaut, um einen Teil des Stickstoffs in seinem Blut loszuwerden. Diese Dekompressionsschwellen variieren je nach Dauer und Tiefe des Tauchgangs. Ein einfaches Beispiel kann das komplexe physiologische Problem erhellen, das die Embolie darstellt: Wenn eine Wasserflasche geschlossen ist, weiß man nicht, ob sie stilles oder kohlensäurehaltiges Wasser enthält. Das sieht man erst, wenn man die Flasche öffnet, das heißt abrupt den Druck verringert. Bei kohlensäurehaltigem Wasser steigen die Bläschen, die im Wasser verteilt sind, an die Oberfläche auf. Wenn ein Taucher unten am Meeresgrund ist und unter diesen Druckverhältnissen atmet, löst sich Stickstoff in seinem Blut. Wenn er zu schnell oder ohne die erforderlichen Dekompressionsschwellen an die Oberfläche kommt, bildet der in seinem Blut verteilte Stickstoff Bläschen, die eine Embolie oder die so genannte Dekompressionskrankheit hervorrufen. Lässt man dagegen die Flasche mit kohlensäurehaltigem Wasser mehrere Stunden offen, verliert das Wasser allmählich sein Gas. Das Gleiche geschieht im Blut des Tauchers. Wenn er Druck ablässt, indem er Sicherheitsetappen einlegt, desaturiert sich sein Blut, das heißt, er verliert allmählich den Stickstoff im Blut.

Der schwierigste Teil bei einem Gerätetauchgang ist also die Dekompression. Wenn man in große Tiefen absteigt, tritt ein anderes Problem auf, und zwar das der Narkose. In den Flaschen ist Luft: ungefähr 80 % Stickstoff und 20 % Sauerstoff. Diese 20 % Sauerstoff, die der Taucher am Meeresgrund einatmet, können eine unfreiwillige Narkose hervorrufen. Das heißt, dass der eingeatmete Sauerstoff toxisch wird. Er löst einen gewissen Rauschzustand aus. Der Taucher kann nicht mehr klar denken oder vernünftig handeln. Um dieses Problem zu vermeiden, atmen die Taucher meiner Mannschaft, die auf über 70 Meter Tiefe absteigen, »Trimix«-Mischungen ein – Stickstoff, Helium und Sauerstoff –, die den Sauerstoffanteil im Blut verringern und so die Narkosegefahr ausschalten. Allerdings hat die Sache einen Haken: Das Helium verringert zwar das Narkoserisiko, verlängert aber die Dekompressionszeit um ein Vielfaches.

Es treten also spezielle technische Probleme auf, je weiter man absteigt, wobei das gravierendste die Dekompression bleibt. Die Etappen werden immer länger. Die Sicherungstaucher, die auf 150 Meter absteigen, legen eine erste Dekompressionsschwelle bei 80 Metern ein und machen dann bis zur letzten Schwelle weiter, ungefähr drei Meter unter der Oberfläche. Sie müssen bis zu drei Stunden warten, ehe sie aus dem Wasser herauskommen können. Sie vertreiben sich die Zeit mit Witzen, setzen Kopfhörer auf und hören unter Wasser Musik oder was auch immer. Manche halten sogar ein Schläfchen unter Wasser!

Diese beschwerlichen Aufstiege müssen die Taucher nicht nur am Tag des Rekords in Kauf nehmen, sondern bei allen Trainingstauchgängen in den Tagen zuvor. Die Möglichkeit, im No-limit auf 200 Meter zu kommen, ist für einen Apnoisten längst nicht mehr so utopisch, wie es den Anschein hat. Aber zum jetzigen Zeitpunkt ist es in technischer Hinsicht extrem schwierig, in solchen Tiefen die nötige Absicherung zu bewerkstelligen. Die Hindernisse, die diesem Ziel im Weg stehen, betreffen also eher die Gerätetaucher als die Apnoisten.

Vier Monate Zwangspause

Außer dem Risiko des Black-out birgt das Apnoetieftauchen weitere Gefahren, wie ich selbst einmal erfahren musste. Ich hatte gerade den Rekord mit variablem Gewicht zurückerobert – 1994 in Dorgali, Sardinien, mit einer Tiefe von 101 Metern – und trainierte jetzt für einen Rekord von 130 Metern im No-limit. Ich hatte mit einem neuartigen Hebeballon-Modell einen sehr schnellen Aufstieg hinter mich gebracht und schaffte es gerade noch, ins Boot zu kommen, ehe mein Bein versagte, eine Lähmung, die drei Stunden andauerte. Die Ärzte zogen mehrere Möglichkeiten in Betracht, unter anderem eine sehr seltene Embolieart, die so genannte Tarawana-Krankheit, bis sie schließlich die Ruptur eines kleinen Haargefäßes im Zerebralbereich diagnostizierten, die von einem abrupten Blutdruckanstieg auf Grund der enormen Aufstiegsgeschwindigkeit ausgelöst worden war.

Die Ärzte erteilten mir daraufhin ein Tauchverbot von vier Monaten. Einige waren sogar der Meinung, dass ich ganz auf das Apnoetauchen verzichten müsse. Aber eines stand auf jeden Fall fest: Die Wettkampfsaison war für mich zu Ende.

Es war eine trostlose Zeit, ohne Meer, ohne Tauchen, ohne Unterwasserlandschaften, ohne Seekühe und Delfine. Auch eine Phase des Zweifels, fragte ich mich doch ständig, ob ich fähig sein würde, den Wettkampf auf dem hohen Niveau, das ich erreicht hatte, wieder aufzunehmen, ob ich nicht mit den gleichen gesundheitlichen Problemen zu kämpfen hätte, wenn ich wieder mit dem Tauchen anfinge.

Am Ende der vier Monate Zwangspause entschloss ich mich, alles auf eine Karte zu setzen: Entweder fing ich ohne Angst wieder mit dem Tauchen an und fand meinen alten Kampfgeist wieder, oder ich würde ganz aufhören.

Ich wollte weit wegfahren und alles hinter mir lassen, irgendwo auf eine kleine polynesische Insel, und mich ganz auf mich selbst konzentrieren. Ich begann gleich wieder zu tauchen, aber langsam. Ich fühlte mich wie neugeboren! Endlich hatte ich ihn wieder, den Ozean, mit seinen Farben, den meinen, mit den unbeschreiblichen Empfindungen, die ich in der Meeresbläue verspürte! Nach jedem

Tauchgang kontrollierte ich sorgfältig meine Körperreaktionen. Alles ging gut, und allmählich lösten sich meine Ängste, die Tiefe lockte mich wie eh und je, ich war wieder der Alte geworden – Pelo.

Leider gehen nicht alle Unfälle so gut aus, und ich habe mehrere Freunde unter ähnlichen Umständen verloren.

Freunde, die im Meer ertranken

Die Gefahren beim Freitauchen sind also durchaus real, und das Meer hat schon so manchen Apnoisten verschlungen. Die Letzte, die auf diese Weise umgekommen ist, war Audrey, Pipins Frau, die französische Spitzentaucherin, die vor allem in der Disziplin No-limit große Erfolge erzielt hatte. Als sie am 12. Oktober 2002 vor der Dominikanischen Republik einen Rekord mit variablem Gewicht No-limit auf 170 Meter versuchte, hatte Audrey einen tödlichen Unfall.

Cyril auch. Cyril Isoardi war mein Freund. Er war ein großer Taucher, einer der begabtesten französischen Apnoisten der jungen Generation. Er konnte auf rund 50 Tieftauchgänge zurückblicken und stieg mühelos auf 130 Meter ab. Mit den überdurchschnittlichen Fähigkeiten, die Cyril besaß, wäre er sicher einer der größten Tauchchampions der Welt geworden. Am 29. März 1994 musste ich erfahren, dass das Meer ihn bei einem Trainingstauchgang verschlungen hatte. Er war gerade vierundzwanzig Jahre alt.

Auch zwei andere Freunde hat mir das Meer genommen. Der eine verunglückte am 13. August 1996 im Mittelmeer. Er hieß Francesco Boni, kam aus Turin, und ich trainierte seit drei oder vier Jahren regelmäßig mit ihm auf Sardinien, in Santa Teresa di Gallura. Er war ein passionierter Apnoist und Unterwasserjäger, eine sehr exzentrische und eigenwillige Persönlichkeit. Wir waren immer zu viert, Francesco, Salvatore Poli, ein junger Sarde namens Tore und ich. Dann kehrte ich eines Tages von einer Japanreise zurück, und meine

Mutter sagte mir, dass Francesco tot in Griechenland aufgefunden worden sei, wo seine Leiche an der Wasseroberfläche trieb. Wenn man täglich mit einem Freund in die Tiefe taucht, entwickelt man eine enge Bindung zu ihm, denn jedes Mal legt man sein Leben in die Hände des anderen. 1996 stellte ich zwei Rekorde auf, 110 Meter mit variablem Gewicht und 131 Meter mit variablem Gewicht Nolimit, die ich Francesco gewidmet habe.

Tore, der Zweite in unserer Truppe, ist ebenfalls im Meer ertrunken. Es war 1997 in Porto Venere. Ich hatte am 13. September den Rekord mit konstantem Gewicht mit 75 Metern aufgestellt und wollte am 20. den Rekord mit variablem Gewicht versuchen. Einige Tage davor rief Tore mich an und fragte, ob er in meine Mannschaft kommen könne. Leider war unser Schiff bereits brechend voll. Es war nicht meine Aufgabe, mich um die Logistik zu kümmern, aber unser Organisator hatte mich angefleht: »Umberto, schick mir bloß nicht noch jemanden, ich wüsste nicht, wo ich ihn unterbringen sollte.« Ich musste Tore also sagen, dass wir keinen Platz mehr hätten, aber ich schlug ihm vor, trotzdem zu kommen, wir würden uns schon arrangieren. Tore wollte aber nicht das Risiko eingehen, den ganzen Weg umsonst zu machen. Wir verabredeten uns stattdessen für die nächste Woche zu einer Unterwasserjagdpartie in Santa Teresa. Ich errang meinen Rekord, aber am Abend fiel mir auf, dass meine Freunde, vor allem die Sarden, sich irgendwie merkwürdig benahmen. Sie hatten mir nichts sagen wollen, um mir die Freude nicht zu verderben. Erst am nächsten Tag eröffneten sie mir, dass Tore tot war, am selben Tag verunglückt, an dem ich meinen Rekord aufgestellt hatte. Es war vor Santa Teresa passiert, in der Nähe von Capo Testa, wo wir manchmal zu dritt gejagt hatten. Tores Leiche war nicht gefunden worden, und ich machte mich auf die Suche nach ihm, weil ich die Stellen unter Wasser kannte, die Schlupfwinkel und Felsen, wo wir immer gefischt hatten. Ich wollte nachsehen, ob er vielleicht in einer Höhle stecken geblieben war. Ich entdeckte sein Gewehr, aber nicht seine Leiche. Er wurde anderthalb Monate später gefunden, hunderte von Meilen weiter südlich.

Tore hat mir viel bedeutet, und als ich im nächsten Jahr mit der italienischen Tauchmannschaft an der Apnoeweltmeisterschaft teilnahm, die in Santa Teresa di Gallura stattfand, nicht weit von Capo Testa, wo er verschollen war, haben wir ihm den Sieg gewidmet, den wir errangen. Ich kehre immer wieder nach Capo Testa zurück, diesem magischen Ort im äußersten Norden Sardiniens, und mache dort meine Atem- und Entspannungsübungen. Ich setze mich ans Meer, schaue auf die Teufelsklippe und denke an die schönen Tage der Tauchausflüge und Unterwasserjagden, so erfüllt und sorglos, die ich mit Tore und Francesco verlebt habe. Auf dem Felsen ist eine Plakette angebracht, mit einem Bild von Tore, wie er einen Fisch hält. Zwei nahe Freunde wurden mir genommen. Manchmal steige ich auf den Meeresgrund ab, strecke mich aus, entspanne mich und spreche ein Gebet für Tore und Francesco.

Die Medizin und ihre Rätsel

Als Dr. Cabarrou, der französische Mediziner, in den 1960er-Jahren vorhersagte, dass der Mensch auf 50 Meter Tiefe zerquetscht werden würde, gründete er die These auf seine Experimente mit speziell zu diesem Zweck konzipierten Behältern, die theoretisch den gleichen Widerstand wie ein menschlicher Thorax aufwiesen, wenn er dem Wasserdruck ausgesetzt ist. Da die Behälter bei 45 Meter Tiefe implodierten, schloss Cabarrou daraus, dass mit dem menschlichen Thorax das Gleiche geschehen würde. Der Mediziner hatte jedoch bestimmte Elemente in Rechnung zu stellen vergessen: Der Thorax ist ja in Wahrheit nicht nur ein Behälter, der Herz und Lunge umschließt, sondern er birgt einen komplexen physiologischen Mechanismus, der präzisen Regeln gehorcht.

»Das Meer, das wie tonnenschwerer Stahlbeton auf den Schultern des Vermessenen lastet«, »der Druck, der den Brustkorb zermalmt« – mit solchen dramatischen Bildern beschworen die Mediziner damals, was sich in bestimmten Tiefen im Körper des Tauchers abspielen würde. Enzo Maiorca machte sich in seinem Buch *A capofitto nel turchino* über die »alten Catos« lustig, die nichts Besseres zu tun hatten, als das Meer zu verteufeln und zum Monster zu stilisieren, aus dem einfachen Grund, weil sie es nicht kannten.

Als Enzo auf über 50 Meter Tiefe abstieg, räumten die Mediziner ein, dass die Grenze vielleicht etwas tiefer lag, als sie geschätzt hatten, aber die Gültigkeit ihrer Theorien stellten sie nicht ernsthaft in Frage. Es mussten erst weit größere Tiefenrekorde aufgestellt werden, ehe sie das Phänomen des *blood shifting* – der peripheren Gefäßverengung – entdeckten, das erklärt, warum die Theorien des Dr. Cabarrou falsch waren. Heute haben die Mediziner ihre Haltung geändert und sind viel vorsichtiger geworden. Dr. Luca Torello, der mich seit meinen Anfängen begleitet, sagt, je weiter die Forschung voranschreitet, desto weniger Antworten gibt es, und desto zahlreicher werden die Fragen, denn noch immer steht die Forschung ganz am Anfang eines geheimnisvollen Weges. Heute sind die Mediziner der Meinung, dass die Grenze bei 300 Metern erreicht sein könnte, denn wegen des *blood shifting*, das in diesem Fall eine negative Auswirkung hätte, würde das Herz im Blut ertrinken, das es nicht in die Lunge zurückpumpen könnte. Das ist eine Hypothese. Eines der Hauptprobleme ist im Übrigen der Druckausgleich im Trommelfell. Der Druck wird immer stärker, je tiefer man absteigt, so dass das Trommelfell nach innen gedrückt wird. Man muss also kompensieren, das heißt Luft aus den Lungen holen und in die Ohren pressen, so dass das Trommelfell nach außen, in seine natürliche Position, zurückgedrückt wird und die Membran nicht reißt. Das Lungenvolumen ist jedoch ab einer bestimmten Tiefe extrem geschrumpft im Vergleich zum anfänglichen Volumen, und es ist praktisch unmöglich, Luft aus der Lunge zu »stehlen« und sie in die Ohren zu pressen (bei 150 Metern ist die Lunge 16-mal kleiner als an der Oberfläche!). Man muss daher die Anzahl der Kompensationen verringern und bei jedem Manöver Luft sparen, damit man den letzten Druckausgleich bei einer größeren Tiefe vornehmen kann. Bei Wettkämpfen auf hohem Niveau wird heute eine Technik eingesetzt, die darin besteht, die Nasenklammer bei 80 Metern abzunehmen und die Luftwege völlig zu überfluten – dort, wo Wasser ist, kann keine Luft mehr sein, und die Luft, über die man auf diese Weise verfügt, gibt dem Taucher die Möglichkeit, in größerer Tiefe zu kompensieren. Trotz all dieser Erfindungen bleibt die Kompensation eines der schwierigsten Probleme. Ich glaube jedoch, dass man mit der neuen Technik, wenn sie voll ausgereift ist, die 200-Meter-Grenze ohne allzu große Schwierigkeiten erreichen kann.

Beim Apnoetieftauchen ist der Taucher extremen Bedingungen ausgesetzt. Er entwickelt kompensatorische Phänomene, die ähnlich wie bei Meeressäugern sind: eine drastische Bradykardie, eine Verringerung des Milzvolumens, eine Verringerung des Lungenvolumens. Mit einem konsequenten Training kann der Mensch sich diesen Bedingungen anpassen, vor allem dank der Bradykardie und des *blood shifting*. Das sind die beiden natürlichen Automatismen, die ihm das Überleben in bestimmten Tiefen unter Wasser ermöglichen.

Die Bradykardie ist eine Verlangsamung der Herzfrequenz. Ab einer Tiefe von 100 Metern schlägt mein Herz nur noch neunmal in der Minute. Nun behaupten aber manche Intensivmediziner, dass der Mensch mit einer so stark verringerten Herzfrequenz nicht mehr zu leben vermag. Das bleibt unerklärlich. Ich mache am Grund, nach einem Abstieg von 100 Metern, immer eine kleine Pause und konzentriere mich einzig und allein auf mein Herz.

Es klingt unglaublich, aber ich spüre einen Schlag alle sieben, acht Sekunden. Die Ärzte können noch so sehr darauf pochen, dass es unmöglich ist, ich bin überzeugt, dass dieses Phänomen bewiesen werden kann, sobald man einen Weg gefunden hat, die nötigen Instrumente für ein Unterwasser-EKG auf über 100 Meter Tiefe hinunterzuschaffen.

Die Meeressäuger, die eine Lunge besitzen wie der Mensch und keine Kiemen wie der Fisch, müssen an die Oberfläche aufsteigen, um Sauerstoff zu atmen. Es sind Warmblüter, bei denen ebenfalls eine Verlangsamung der Herzfrequenz auftritt. Der Delfin zum Beispiel hat an der Oberfläche eine Herzfrequenz von 110 Schlägen pro Minute, in der Tiefe sinkt sie auf 45 Schläge ab. Beim Seehund, der auf 300 Meter hinuntertauchen kann, sinkt die Herzfrequenz von 120 auf 20 Schläge pro Minute ab. Für die fantastischen Tauchleistungen all dieser Tiere ist vor allem das kardiovaskuläre System verantwortlich: Das Blut, das die Peripherie des Körpers versorgt, wird in die wichtigsten Organe zurückgeholt, während die Herzfrequenz absinkt und folglich Sauerstoff einspart. Die Meeressäuger sind seit Jahrtausenden an das Meer angepasst, und der Mensch hat bestenfalls ferne Reminiszenzen an ein früheres Leben im Wasser. Trotzdem findet man bei ihm ein zweites physiologisches Phänomen, das ähnlich ist wie bei Walen, Seehunden oder Delfinen und unerlässlich für die Anpassung an große Tiefen: das *blood shifting*.

Mit fortschreitender Tiefe registriert der Apnoist eine Verringerung seines Lungenvolumens: Bei 100 Metern zum Beispiel nimmt die Luft, die in der Lunge enthalten ist, nur noch ein Elftel des ursprünglichen Volumens ein. Der Raum, der durch diese Verringerung des Lungenvolumens frei geworden ist, bleibt allerdings nicht leer, denn sonst würde der Brustkorb ja, wie Dr. Cabarrou es angenommen hatte, vom Gewicht des Wassers zerquetscht werden. An diesem Punkt tritt das *blood shifting* auf den Plan: Das Blut, das mit roten Blutkörperchen angereichert ist, wird von den peripheren Körperregionen, wo sich keine lebenswichtigen Organe befinden – wie Arme oder Beine – ins Gehirn und in den Thorax zurückgepumpt, in die Hohlräume, die durch die Verringerung des Lungenvolumens entstanden sind. Da das Blut eine Flüssigkeit ist und Flüssigkeiten sich nicht komprimieren lassen, wird der Brustkorb auch nicht zerquetscht.

Dank dieser beiden Mechanismen kann der Mensch in der Tiefe überleben. Durch intensives Training entwickelt der Körper allmählich diese Fähigkeiten und erlaubt es dem Menschen, extreme Bedingungen auszuhalten. Mayol hat die unvergleichliche Empfindung, die sich in einer bestimmten Tiefe einstellt, treffend beschrieben: »Es ist ein wunderbares Gefühl, wenn du auf 60 Meter Tiefe zwei riesige Hände spürst, die dich quetschen, aber ohne dir wehzutun, ganz sanft, und die dein Blut in die Lunge fließen lassen, damit du noch tiefer absteigen kannst. In einem solchen Moment fühlst du dich völlig eins mit dem Universum.«

Unter Wasser entwickelt der Mensch ganz besondere Fähigkeiten. Wenn ich zum Beispiel auf der Erde fünf Minuten die Luft anhalte, bin ich erschöpft, puterrot und leide. Wenn ich das Gleiche aber im Wasser tue, ja sogar mehr, indem ich die Luft sechs Minuten zehnmal hintereinander anhalte, mit sehr kurzen Erholungspausen zwischen den einzelnen Tauchgängen – nur ungefähr fünf Sekunden –, dann bin ich weniger erschöpft, als wenn ich auf dem Trockenen ein einziges Mal fünf Minuten lang den Atem anhalte! Warum das so ist, kann niemand genau sagen. Die Medizin kann noch längst nicht alle Phänomene erklären, die mit dem Wasser verbunden sind.

Die gängigste Erklärung besagt, dass der Mensch im Wasser entspannter ist, aber das reicht nicht aus, um einen solchen Leistungsunterschied zu rechtfertigen. Möglicherweise kommen mentale

Entspannungsautomatismen ins Spiel, die aus grauer Vorzeit stammen. So vermuten manche Wissenschaftler, dass unser Körper, wenn er sich im Wasser aufhält, einen Glückszustand und einen inneren Frieden wiederfindet, wie wir ihn nur im Mutterleib erlebt haben. Nach dieser Theorie hat der Mensch in seiner pränatalen Phase ein Unterwasserleben geführt, das für immer in sein Gedächtnis eingebrannt ist. Sobald der Mensch auf die Welt kommt, muss er um sein Überleben kämpfen: schreien, um gestillt zu werden, und so weiter. Und den pränatalen inneren Frieden können wir nur wiederfinden, wenn wir uns im Wasser aufhalten. Im Übrigen weiß man heute, dass eine Unterwassergeburt viel stressfreier für das Kind ist. Während die normale Geburt für das Neugeborene ein Trauma darstellt, ist der Übergang von einem Wasserelement ins andere sicherlich weniger brutal. Der Säugling findet das flüssige Element wieder, das er in seiner Fruchtblase im Mutterleib gekannt hat, »sein« Element.

Außerdem wird ein Baby, das im Wasser zur Welt kommt, nicht sofort der Schwerkraft ausgesetzt, die es nach unten drückt, sondern von der Wasserkraft nach oben getragen. Man sagt, dass diese Art, auf die Welt zu kommen, einen positiven Einfluss auf den Charakter des Kindes hat. Die neue Entbindungsmethode wird seit einigen Jahren in den westlichen Ländern erprobt, aber in manchen Regionen der Welt wird sie schon seit langer Zeit praktiziert: zum Beispiel im Kongo, bei den so genannten Pygmäen, oder bei bestimmten Indianervölkern, die im Amazonas-Regenwald von Peru leben, oder auch bei den Aborigines an der Westküste Australiens.

Mit einem Läufer, Radfahrer oder Schwimmer kann man problemlos medizinische Experimente veranstalten, anders als beim Apnoetauchen, wo es sehr schwierig ist, die nötigen Geräte unter Wasser zu bringen. Deshalb sind so viele Rätsel noch ungelöst. Wir sind dazu geschaffen, auf der Erde zu leben, zu atmen. Wenn daher ein Mensch in eine fremde Welt eindringt, eine »feindliche« in gewisser Weise, und etwas so Widernatürliches tut, wie den Atem anzuhalten, reagiert sein Körper wahrscheinlich nicht in der gleichen Weise wie der eines anderen menschlichen Wesens. Ich glaube sogar, dass jeder Apnoetaucher, der derart extremen Bedingungen ausgesetzt ist, physiologisch ganz individuell reagiert. Zumal die physiologischen Reaktionen mehr oder weniger mental beherrscht werden. Weil es so schwierig ist, mit Gewissheit zu beschreiben, was in einem menschlichen Wesen beim Apnoetieftauchen vorgeht, müssen wir uns mit Hypothesen begnügen. Wenn zum Beispiel Jacques Mayol in große Tiefen hinunterging, stieg die Anzahl der roten Blutkörperchen in seinem Blut drastisch an. Bei mir verringern sich in der gleichen Situation die roten Blutkörperchen ebenso drastisch. Diese Geheimnisse werden wir wohl niemals enträtseln, und darin liegen die faszinierenden und geheimnisvollen Aspekte der Apnoe.

Ich habe an einigen Forschungsprojekten mitgewirkt, zum Beispiel über den plötzlichen Kindstod. Das CNR (Centro Nazionale Ricerche – Nationales Forschungszentrum) arbeitet gegenwärtig mit Apnoisten, um das Phänomen des Lungenödems zu ergründen. Bei Apnoisten tritt manchmal die Ruptur eines Kapillargefäßes auf. Der Arzt kann leichter untersuchen, was in einem Taucher vorgeht als in einem Patienten, der schon mit einem Lungenödem ins Krankenhaus eingeliefert wird. Bei einem Apnoisten kann man sehen, wie sich ein Ödem bildet. Die Hyperbarmedizin, die sich mit extremen Druckverhältnissen befasst, interessiert sich auch für das Apnoetauchen. Ich habe mit einem Labor zusammengearbeitet, in dem die Tiefenbedingungen simuliert und meine Reaktionen darauf studiert wurden. Die Analysen sollten ein besseres Verständnis bestimmter Krankheiten ermöglichen, wie Kohlendioxidvergiftung, Gangrän, Probleme der Wundheilung und anderes mehr, die von der Hyperbarmedizin behandelt werden, und natürlich die Tauchembolien. Aber auch hier lässt sich nur schwer feststellen, was in großer Tiefe mit uns vorgeht. Zwar kann man in einer Überdruckkammer einen Druckanstieg simulieren, der den Verhältnissen bei einem Apnoetauchgang ungefähr entspricht. Aber bei solchen Experimenten befindet sich die Testperson nicht unter Wasser, so dass bestimmte Probleme, die in der Natur sowohl auf der physiologischen als auch auf der mentalen Ebene auftreten, bei der Simulation nicht ins Blickfeld geraten.

Die Rätsel, die der Mensch unter Wasser aufgibt, verleihen unseren Aktivitäten, unserem Sport, unserer Lebensweise eine geheimnisvolle, unwiderstehliche Aura. Vielleicht stimmt es, was Jacques Mayol meinte: dass der Mensch einen Tauchreflex hat, der tief in ihm verborgen ist, und dass der menschliche Körper sich der Unterwasserwelt anpassen kann, so wie der Körper des Delfins.

»Homo delphinus: ein Mensch, der begriffen hat, dass er kein ›Fremder‹ in der Natur ist, im Ozean, den er achtet wie seine eigene Mutter, im ganzen Universum, das er in sich widerspiegelt, so wie der Mikrokosmos den Makrokosmos.

Ein Mensch, der weiß, dass in diesem Universum, vom Atom bis zur Galaxie, von der Mikrobe bis zum Wal, alles sich die Waage hält. Dass nichts und niemand niedriger oder höher ist. Ein Mensch, der weiß, dass zwischen ihm und dem unendlichen Universum, riesig, zeitlos, keinerlei undurchlässige Trennwand existiert, so wenig wie zwischen seinem eigenen Körper und seiner Psyche« – so die Definition von Jacques Mayol in seinem Buch *Homo delphinus*.

Provando ad immaginare sensazioni di un'immersione record

L'ultima boccata die vita terrestre
Il forzato abbandono della luce

E poi giù a cogliere

L'innaturale dolcezza del suo stato
L'ammirazione per la sua vitalità

La sensualità delle sue carezze
La voglia di appartenergli

Il vigore della sua forza
L'inebriante desiderio di resistergli

Il silenzio suo essere immenso
La consapevolezza di viverlo

L'audacia delle sue forme
Il rischio di un pretenzioso amante

La limpidezza del suo carattere
Il rispetto per un profondo affetto

Non un concorrente
Un rivale
Un nemico

Ma un complice
Un amico
L'ospite d'onore

La fusione di un binomio inscindibile
TU e il TUO mare

Finalmente sei riemerso
... mi mancavi già!

Stefania

Empfindungen beim Abstieg in die Tiefe

Der letzte Schluck Erdenleben
Das schmerzliche Verlassen des Lichts
Und dann in den Tiefen
Seine unirdische Sanftheit spüren
Seine übermächtige Vitalität
Die Sinnlichkeit seiner Liebkosungen
Die Lust, ihm zu gehören
Seine Stärke, seine Gewalt
Das trunkene Verlangen, ihm zu widerstehen
Die Stille, die Weite
Und du in ihm
Die Kühnheit seiner Formen
Das Wagnis eines vermessenen Geliebten
Das Kristallklare seiner Natur
Die Achtung vor einer tiefen Liebe
Nicht Konkurrent
Nicht Rivale
Nicht Feind
Sondern Komplize
Freund
Der Ehrengast

Die Verschmelzung eines unteilbaren Binoms
DU und DEIN OZEAN

Endlich tauchst du wieder auf
... und hast mir schon gefehlt!
Stefania

Die Herausforderung

Der Uhrenfabrikant *Sector*, einer meiner Sponsoren, unterstützte eine Gruppe Extremsportler, das *No limits Sector Team*. Eines Abends saß ich in Japan mit dreien dieser Sportler beim Essen, einem Fallschirmspringer, einem Polarforscher und einem *free climber*, sowie dem Direktor des Unternehmens, Filippo Giardiello. Borge Ausland, der norwegische Entdecker, zeigte uns Fotos und erzählte von seinem letzten Abenteuer. Er hatte seine Südpolüberquerung abbrechen müssen, weil er vergessen hatte, lange Unterhosen anzuziehen. Die Kälte war so extrem (minus 40 °C), dass seine Hose an der Innenseite seiner Schenkel festfror und ihm schreckliche Wunden zufügte. Er musste mit einem Hubschrauber gerettet werden. Dann schilderte Manolo, der *free climber*, die Probleme, die ihm die Kälte bereitet hatte. Er hatte im Hochgebirge den Fehler begangen, einen Handschuh auszuziehen, um Zeltpflöcke einzuschlagen, und dabei waren ihm zwei Finger erfroren. Patrick de Gayardon, »der Luftmensch«, der leider inzwischen verstorben ist, erzählte nun, dass er nach einem Absprung aus 15.000 Meter Höhe (bei minus 70 °C) trotz seines doppelten Anzugs halb erfroren gelandet war. Ich wusste nicht, was ich sagen sollte. Der Direktor schaute mich an und wartete darauf, dass auch ich eine Geschichte von übermenschlichen Qualen auftischte. Schließlich schob ich den Ärmel meines T-Shirts hoch und sagte: »Hier, sehen Sie. Ich war in Polynesien, ich habe keine Sonnencreme aufgetragen, und das hier sind die Spuren eines höllischen Sonnenbrands.« Alle brachen in Gelächter aus. Dann meinte der Direktor: »Aber was hast du dann unter Extremsportlern zu suchen? Die einzig wahren No-limit-Taucher, das sind die Griechen gewesen, die Anfang des Jahrhunderts nach Schwämmen getaucht haben, ohne jede Ausrüstung, nur mit einem Stein als Gewicht. Wenn sie auf dem Grund angekommen waren, sammelten sie die Schwämme ein und stiegen wieder auf. Sie hatten weder Tauchermasken noch Flossen, noch einen Taucheranzug. Sie haben sich einfach in einen Wollschal gewickelt.«

Er spielte auf die Geschichte eines Griechen namens Haggi Statti an, der als Urvater des Apnoetauchens Legende geworden ist. Filippo Giardiello wollte damit zum Ausdruck bringen, dass wir heutigen Apnoisten mit unserer ganzen Ausrüstung, unseren Karbonfaserflossen, unseren Tauchlinsen und vielem anderen mehr nicht mehr fähig wären, das zu vollbringen, was die griechischen Fischer früher geleistet haben.

Das konnte ich nicht auf mir sitzen lassen. »Ich schlage Ihnen eine Wette vor«, erwiderte ich spontan. »Nächstes Jahr gehe ich auf 100 Meter runter, mit den gleichen Techniken wie die griechischen Schwammfischer zu Anfang des Jahrhunderts.«

Das war ungefähr das Gleiche, wie wenn Michael Schumacher mit einem Ferrari aus den 1940er-Jahren einen neuen Formel-1-Rekord aufstellen wollte. Meine Wette wurde angenommen, und ich legte mit den Vorbereitungen für den Tauchgang los.

Wer aber war Georghios Haggi Statti wirklich? Er war keine Legende, sondern der Protagonist einer Geschichte, die in den Akten der italienischen Kriegsmarine dokumentiert ist. 1913 hatte das italienische Kriegsschiff *Regina Margherita*, das vor der Insel Karpatos im Ägäischen Meer kreuzte, seinen Anker verloren. Die Kette war gerissen, über die Brücke gefegt und hatte zwei Matrosen und einen Schiffsoffizier getötet. Der Anker war auf den Meeresgrund – rund 80 Meter tief – gefallen. Ein Schiff, das keinen Anker hatte, war sehr schwer zu manövrieren, ganz zu schweigen davon, dass es den Gipfel der Schande bedeutete, wenn ein Schiffskommandant ohne Anker in den Hafen zurückkehrte.

Der Kommandant ließ also wissen, dass Hilfe willkommen sei. Da stellte sich ein Mann vor, der von der Nachbarinsel Simi stammte, und behauptete, er könne auf den Grund hinuntertauchen und den Anker heraufholen. Als Gegenleistung verlangte er eine geringe Summe Geld und die Erlaubnis, mit Dynamit zu fischen, eine scheußliche Methode (sie wird noch heute gelegentlich praktiziert), die wahre Massaker unter den Fischen anrichtet und den Meeresboden zerstört.

Der Fischer wurde, ehe er die Erlaubnis zum Absteigen erhielt, einer medizinischen Untersuchung unterzogen. Dabei stellte sich heraus, dass der magere kleine Mann nicht nur unfähig war, seinen Atem mehr als 60 Sekunden anzuhalten, sondern dass er eine Herzfrequenz von über 100 Schlägen pro Minute hatte – was sehr hoch ist –, ein Loch in einem Trommelfell, während das andere gänzlich fehlte, und zusätzlich noch ein Lungenödem. Es war eine einzige Katastrophe. Aber alle Leute, die ihn kannten, versicherten, dass er unter Wasser ein völlig anderer Mensch sei. Der Marinearzt ließ ihn also einen Versuch unter Wasser machen, und dabei zeigte sich, dass der Fischer ohne jede Vorbereitung sechs Minuten lang unten blieb. Daraufhin erhielt er die Erlaubnis, nach dem Anker zu tauchen.

Haggi Statti taucht in der Badehose, mit einem flachen, quadratischen Ziegel von 14 Kilogramm als Gewicht, und er steigt allein mit der Kraft seiner Arme an einem Führseil wieder auf, das an dem Stein befestigt ist. Nach einer viertägigen Suche und ungefähr 50 Tauchgängen auf 45 bis 80 Meter stößt er endlich auf den Anker und hilft bei der Bergung. Seither gilt er als der erste Apnoechampion!

85 Jahre später wollte ich nun als Hommage an diesen großen Pionier die Tauchleistung wiederholen, die er vor der Insel Karpatos vollbracht hatte. Die alten Leute im Dorf erinnerten sich noch an das

Ereignis, denn der Schiffskommandant hatte zum Dank ein großes Fest auf dem Dorfplatz veranstaltet, mit riesigen Töpfen voll Spaghetti, und für viele war es das erste Mal gewesen, dass sie dieses Gericht gekostet hatten!

Ich habe lange trainiert und bin am 12. September 1998 mit Hilfe eines Steins, der ungefähr sieben Kilo wog, auf 100 Meter abgestiegen, in Badehose, ohne Flossen, ohne Anzug, einfach nur mit einem Stein. Dann bin ich mit der Kraft meiner Arme wieder aufgestiegen. Es war eine extreme Erfahrung, denn in solchen Tiefen sinkt die Temperatur drastisch ab. Und wenn man keinen Taucheranzug trägt, ist es entsetzlich kalt. Noch problematischer ist allerdings das Kompensieren, das sehr rasch geschehen muss: Mit dem Stein, der mich nach unten zog, war es unmöglich, während des Abstiegs zu bremsen, das heißt, ich musste ohne Zuhilfenahme der Hände kompensieren, musste die Zunge an den Gaumen hoch drücken. Zum Glück hatte ich mich monatelang vorbereitet, und es ging alles gut. Ich habe nicht nur meine Wette gewonnen, sondern eine einzigartige Erfahrung gemacht. Es war ein unvergessliches Erlebnis, wie das kalte Wasser über meinen Körper strömte.

Georghios Haggi Statti lebte in Symbiose mit dem Meer, und indem ich ihn imitierte, erlebte ich die gleiche Verschmelzung mit dem Wasser und kehrte zu den Ursprüngen der Apnoe zurück. Auf meinem Abstieg in die Tiefe wurde mir bewusst, dass es vieles gab, was mich mit dem griechischen Fischer verband: die große Leidenschaft für die Tiefe, die Stille des Meeres, die Liebe zu den weiten Räumen, zum »Big Blue«. Der Mensch wurde im Lauf seiner Geschichte dazu gebracht, sich mit sich selbst, mit seiner Umwelt zu messen und siegreich daraus hervorzugehen. Oft waren diese Wagnisse von elementaren Bedürfnissen diktiert, aber es kam immer noch etwas anderes hinzu, wie jener geheimnisvolle und faszinierende Drang, der den Menschen dazu treibt, seine Grenzen zu überschreiten. Der Mut, die innere Kraft, die Anpassungsfähigkeit, die körperliche und geistige Vorbereitung, die Ausdauer, die Neugier, die Liebe zur Natur, das alles sind Werkzeuge, mit deren Hilfe wir die eigenen Grenzen überschreiten. Der Geist taucht dann in die tiefsten Abgründe des Ich hinunter, um sich selbst zu erkennen und zu würdigen. Der Mensch ist mit sich selber konfrontiert, er kehrt in die Natur zurück. In diesen extremen Situationen gibt es keine Unterscheidung mehr zwischen Körper und Geist, zwischen Traum und Realität, zwischen Außen und Innen. Das ist der Grund, warum ich mich Georghios Haggi Statti so nahe fühle: die Fähigkeit, beim Absteigen in Symbiose mit dem mich umgebenden Meer zu treten.

Die Geschichte der Apnoe

Georghios Haggi Statti gilt als Urvater der Apnoe. Erst gegen Ende des Zweiten Weltkriegs, mehr als 30 Jahre später, wurden Rekorde im Apnoetauchen aufgestellt. Diese Entwicklung geht auf Unterwasserjäger der Kriegsmarine zurück, die im Krieg den Auftrag hatten, Minen unter feindlichen Schiffen anzubringen. 1949 schließt zum Beispiel Raimondo Bucher, ein Italiener ungarischer Abstammung, Kapitän der Luftwaffe, eine Wette mit einem neapolitanischen Gerätetaucher ab: Er will vor Neapel auf 30 Meter Tiefe absteigen, mit einem Pergament, das in einem Zinnbehälter versiegelt ist und das er ihm am Meeresgrund überreichen wird. Er gewinnt die Wette und wird der erste Rekordhalter in der Geschichte der Apnoe.

Zwei Jahre später, 1951, erreichen Ennio Falco und Alberto Novelli eine Tiefe von 35 Metern. Raimondo Bucher erobert im nächsten Jahr, 1952, auf Capri den Rekord mit 39 Metern zurück. Es ist der erste Apnoerekord, der gefilmt wird, da es inzwischen Froschmänner gibt, die mit Kameras ausgerüstet sind. Man sieht also, wie rudimentär Buchers Ausrüstung war: Die Tauchermaske war so riesig, dass er schon auf zehn Metern Probleme beim Kompensieren hatte. Die Flossen, die sehr kurz und aus Weichgummi waren, verliehen nicht viel Stoßkraft, und der Schnorchel war nichts weiter als ein Gasschlauch. Aber der Wettkampf wurde immer schärfer, und 1956 stiegen Ennio Falco und Alberto Novelli auf 41 Meter ab.

Vier Jahre später wird nicht mehr in Italien, der Wiege der Apnoewettkämpfe, um den Rekord gerungen, sondern in der Bucht von Rio de Janeiro, wo ein Brasilianer namens Amerigo Santarelli 43 Meter Tiefe erreicht. Santarelli geht nach Italien und verbessert dort 1966 seinen Rekord auf 44 Meter. Dann tritt Enzo Maiorca auf den Plan, der sizilianische Superchampion, der die Geschichte des Apnoetauchens 30 Jahre lang prägen wird, und setzt sich mit einem Rekord von 45 Metern an die Spitze. Enzo, seit frühester Kindheit von sizilianischen Fischern in die Geheimnisse des Meeres eingeweiht, ist ein passionierter Unterwasserjäger, bis er eines Tages das Herz eines Zackenbarsches, den er verletzt hat, in seiner Handfläche pochen spürt. Da gibt er die Jagd völlig auf und stürzt sich in den Wettkampf. Santarelli war auf 46 Meter abgestiegen, Maiorca taucht auf 50 Meter hinunter, ohne sich um die Befürchtungen der Mediziner zu kümmern, in dieser Tiefe würde der menschliche Brustkorb zerquetscht. Maiorca wiederholt seinen Versuch ein Jahr später und steigt 1962 auf 51 Meter ab. Die Ausrüstung ist in jenen Jahren noch immer rudimentär. Santarelli zieht sich vom Wettkampf zurück, und Maiorca, jetzt allein im Rennen, stellt erst in Syrakus einen neuen Rekord von 53 Metern auf (1964), im nächsten Jahr 54 Meter auf Sizilien.

Zu diesem Zeitpunkt erscheinen drei neue Rivalen am Horizont: der Polynesier Tetake Williams, der Amerikaner Robert Croft und schließlich der Franzose Jacques Mayol. Im September 1965 steigt Williams auf 59 Meter ab. Mayol überbietet ihn 1966 auf den Bahamas um einen Meter, dann erreicht Robert Croft im Februar 1967 in

Florida eine Tiefe von 64 Metern. Diese drei Rekorde sind vom CMAS – dem Weltverband für Tauchsportaktivitäten – nicht anerkannt worden, weil die Kriterien inzwischen strenger geworden waren, aber sie haben trotzdem in der Geschichte des Apnoetauchens ihren Platz. Enzo Maiorca steigt im November 1966 auf 62 Meter ab, und 1967 zieht er in Kuba nach dem 64-Meter-Rekord von Bob Croft mit dessen Leistung gleich.

Maiorca, Croft und Mayol bedienen sich jedoch höchst unterschiedlicher Tauchtechniken und -konzeptionen. Maiorca mit seinem athletischen Körper setzt auf ein extrem hartes und regelmäßiges Training. Croft, der über die unglaubliche Lungenkapazität von 9,5 Litern verfügt, taucht splitternackt, ohne Flossen und Maske, und steigt auf, indem er sich an einem Seil hochzieht. Mayol besitzt keine außergewöhnlichen körperlichen Anlagen. Aber er erkennt als Erster, wie wichtig Entspannung, Atmung und geistige Konzentration beim Tauchen sind, führt Yoga und andere Techniken der Beherrschung von Körper und Geist ein.

Im Dezember 1967 stellt Croft einen Rekord von 67 Metern auf (nicht anerkannt, ebenso wie die beiden folgenden Rekorde). Einen Monat später setzt Mayol sich mit 70 Metern wieder an die Spitze. 1968 stellt der Amerikaner einen neuen Rekord von 73 Metern auf. Leider ist es sein letzter, denn nach einem Lungenemphysem gibt er den Wettkampf auf. Nun beginnt das »Duell« zwischen Jacques Mayol und Enzo Maiorca, von dem der Film *Im Rausch der Tiefe* erzählt. Maiorca fühlt sich durch die Gestalt des Enzo Molinari, seines Film-Alter-Egos, verunglimpft und lässt den Streifen, der 1988 in Frankreich herauskommt, in Italien verbieten. Das Verbot wird erst 2002 aufgehoben, als der Film mit diversen Änderungen in den italienischen Kinosälen gezeigt wird.

In den 1960er-Jahren liefern sich die beiden Taucher einen erbitterten Kampf:

1970: Enzo Maiorca 74 Meter
1970: Jacques Mayol 76 Meter
1971: Enzo Maiorca 77 Meter
1972: Enzo Maiorca 78 Meter
1973: Enzo Maiorca 80 Meter
1973: Jacques Mayol 86 Meter
1974: Enzo Maiorca 87 Meter
1975: Jacques Mayol 97 Meter

Im Oktober 1976 überschreitet Mayol als Erster die mythische 100-Meter-Grenze, mit einem Rekord von 101 Metern auf der Insel Elba. Einem Rekord, den er 1983 noch verbessert, als er 105 Meter erreicht. Auch Maiorca überschreitet 1988 in Syrakus mit 101 Metern die 100-Meter-Grenze. Mayol gibt daraufhin den Wettstreit auf, um sich anderen Abenteuern und Forschungen zu widmen. So nimmt er an einem medizinischen Projekt teil, unterzieht sich bei seinen Tauchgängen allen möglichen Experimenten.

Im Laufe jener Jahre hat sich die Apnoeausrüstung erheblich weiterentwickelt, angefangen von den Tauchschlitten, die jetzt eine viel leichter zu handhabende Bremse besitzen und mit denen man aufrecht absteigen kann statt mit dem Kopf nach unten, wie es Anfang der 1990er-Jahre noch üblich war. 1976 war der »legendäre« Schlitten, mit dem Mayol seinen 100-Meter-Rekord aufgestellt hatte, vom FIAT-Forschungszentrum entworfen und von Pininfarina gestaltet worden. Der Schlitten wies jedoch erhebliche Mängel auf. Auf der Erde funktionierte er tadellos, aber im Wasser reagierte seine Bremse nicht. Zwei Mitglieder von Mayols Team, Pompacqua und Jürgen, genannt »Archimedes«, gelang es schließlich, aus den Einzelteilen eines Fiat-500-Lenkgetriebes eine brauchbare Bremse zusammenzubasteln.

Aber nicht nur die Schlitten, sondern auch die Taucherflossen wurden weiterentwickelt: Sie sind jetzt etwas länger und nicht mehr aus Gummi, sondern aus Karbonfaser, was ihre Effizienz erhöht und die Gelenke entlastet.

Die neuen Taucheranzüge aus Spezialneopren, die maßgefertigt sind und daher besser anliegen, garantieren eine bessere Wärmeisolation und vor allem eine stärkere hydrodynamische Durchdringung.

Und schließlich die Tauchermasken, deren Volumen man nach und nach reduziert hat, bis sie schließlich von den Tauchlinsen verdrängt wurden – zumindest in Europa, denn die südamerikanischen Apnoisten tauchen meist ganz ohne Augenschutz. Ich selbst verwende Linsen, die eine Korrektur von etwa 200 Dioptrien ermöglichen, so dass ich im Wasser die gleiche Sicht wie mit einer Tauchermaske habe.

Sämtliche Rekorde, die Enzo Maiorca und Jacques Mayol aufgestellt haben, wurden im No-limit erzielt, das heißt, die beiden Taucher stiegen mit einem Schlitten ab und mit einem Hebeballon wieder auf. In dieser Spezialdisziplin ist es möglich, größere Tiefen zu erreichen, denn der Apnoist wird beim Abstieg von seinem Tauchschlitten unterstützt und, was noch wichtiger ist, beim Aufstieg vom Ballon. Er muss keine große körperliche Anstrengung erbringen. Es handelt sich praktisch um eine statische Apnoe. Der Taucher wird beim Abstieg vom Schlitten hinunter- und beim Aufstieg vom Ballon hochgezogen. Das Hauptproblem beim No-limit ist das Kompensieren. Mayol hat eine völlig neue Kompensationstechnik erfunden, die große Perspektiven eröffnet. Die Methode besteht darin, in einer bestimmten Tiefe die Luftwege zu überfluten. Ich habe es zweimal probiert, und es funktioniert einwandfrei. Wenn man in einer bestimmten Tiefe die Nasenklammer abnimmt und das Wasser in alle Luftwege eindringen lässt, erspart die »Überflutung«, die auf diese Weise entsteht, eine spätere Kompensation. Im Lauf eines Tauchgangs kompensiert man vor allem auf den ersten Metern, aber dieses Manöver wird immer schwieriger, je tiefer man absteigt, daher die Bedeutung der neuen Technik.

Tauchen mit konstantem Gewicht ist die schwierigste Prüfung, die sportlichste, die aussagekräftigste, sowohl in körperlicher als auch psychologischer Hinsicht, weil man einzig mit seinen Flossen aufsteigen muss, ohne das Seil zu berühren. Wenn man am Boden ankommt und weiß, dass der härteste Teil noch vor einem liegt, ist das eine echte Zerreißprobe für die Nerven. Es gibt keine technischen Hilfen, der Taucher ist allein auf seine Flossen angewiesen, und das ist der Augenblick der Wahrheit, auch wenn die Tiefen, die man mit konstantem Gewicht erreicht, viel geringer sind als im No-limit.

So beginnt Ende der 1970er-Jahre, parallel zu den No-limit-Rekorden, der Wettkampf mit konstantem Gewicht. Einer der frühen Vertreter dieser Disziplin ist Stefano Makula, ein italienischer Sportler ungarischer Abstammung, der 1978 als Erster 50 Meter erreicht und damit in einen erbitterten Wettkampf eintritt, den Enzo Maiorca und die Brüder Nuccio und Mario Imbesi ausfechten:

1978: Mario Imbesi 52 Meter
1978: Nuccio Imbesi 52 Meter
1978: Enzo Maiorca 52 Meter
1979: Enzo Maiorca 55 Meter
1979: Enzo Liistro 55 Meter
1980: Enzo Liistro 56 Meter
1981: Nuccio Imbesi 56 Meter
1981: Jacques Mayol 61 Meter

Von 1982 bis 1986 stellt Stefano Makula nacheinander vier Rekorde auf, den ersten mit 66 Metern. Leider kommt der große Taucher in Ponza durch einen schweren Lungenunfall ums Leben, als er einen Rekord von 110 Metern mit variablem Gewicht versucht.

Dann erscheint Francisco Ferreras, genannt Pipin, auf der Bildfläche und feiert von Tag zu Tag größere Triumphe. Im selben Jahr stellt der Franzose Frank Messegué einen Rekord von 62 Metern mit konstantem Gewicht auf. Pipin erreicht am 3. November 1989 eine Tiefe von 112 Metern mit variablem Gewicht No-limit.

Der italienische Tauchverband – eines der wenigen Gremien, das die Apnoe-Tieftauchrekorde weiterhin offiziell anerkannte, nachdem sie vom CMAS als zu gefährlich verboten wurden – arbeitet ein neues Regelwerk aus, das den Wettkampf mit konstantem Gewicht unberührt lässt, aber beim Tauchen mit variablem Gewicht neue Richtlinien vorgibt. Danach darf der Taucher nur ein Gewicht verwenden, das ein Drittel seines Körpergewichts ausmacht. Der Schlitten wird am Boden zurückgelassen, und der Taucher steigt aus eigener Kraft auf, ohne einen Hebeballon oder einen aufblasbaren Anzug einzusetzen. Das ist die neue Definition der Disziplin »mit variablem Gewicht«. Bleibt noch die Kategorie »mit variablem Gewicht No-limit«, auch Tauchen mit absolutem variablen Gewicht genannt, wobei der Taucher die maximale Tiefe mit einem Tauchschlitten ohne Gewichtsbeschränkung erreicht und mit einem Ballon wieder an die Oberfläche aufsteigt.

Kurz nachdem er seinen Rekord von 112 Metern aufgestellt hatte, kam Pipin nach Italien, wo er einen Rekord mit konstantem Gewicht von 63 Metern und mit variablem Gewicht von 92 Metern erzielte. Pipin, der 1962 in Kuba geboren wurde und inzwischen die amerikanische Staatsbürgerschaft angenommen hat, betrieb schon als Junge die Unterwasserjagd, um die mageren Einkünfte seiner Familie aufzubessern. So hat er schon früh Erfahrung im Apnoetauchen gesammelt und kennt das Meer wie kaum ein anderer.

Zwischen Pipin und mir entbrannte ein Wettkampf, wie ich bereits erwähnt habe. Er zog sich über Jahre hin – von 1990 bis 1995 – und erinnert in mancher Hinsicht an die Rivalität zwischen Enzo

Maiorca und Jacques Mayol. Mayol und Maiorca hatten sich immer nur aus der Ferne herausgefordert. Eines Tages, 1992, kamen ihre beiden Trainer nach Ustica, wo die »Blaue Olympiade«, die Taucholympiade, stattfand. Alfredo Guglielmi alias Corsaro, der Trainer von Jacques Mayol, war für meine Mannschaft verantwortlich, und Maiorcas Trainer, Nuccio Di Dato, betreute Pipins Team. Bei der Lagebesprechung am Abend trafen Di Dato und Guglielmi aufeinander – erstmals in all den Wettkampfjahren, in denen Maiorca und Mayol sich gegenseitig, oft über ihre Mittelsmänner, herausgefordert hatten. Bei diesem Meeting, in dem es um die Wettkampforganisation und diverse technische Probleme von Pipin und mir ging, gerieten Di Dato und Corsaro prompt aneinander, was beweist, wie sehr die beiden noch in der konfliktgeladenen Epoche Maiorca-Mayol lebten, während die Spannungen zwischen Pipin und mir viel weniger stark waren.

Pipin und ich waren erst nach dem Film *Im Rausch der Tiefe* auf der Bildfläche erschienen, hatten aber, wenngleich auf unsere Art, die Rivalität wieder aufleben lassen, die zwischen den beiden Champions existierte.

Und dies umso mehr, als Pipin Maiorcas Methoden näher stand und ich mich mehr auf Mayol als meinen Lehrmeister berief. So hat Pipin eine sehr körperliche, auf Muskelkraft setzende Art zu tauchen, während ich vor allem danach strebe, mich mit Anmut und Geschmeidigkeit zu bewegen, in dem Wunsch, dass die Leute, die uns zuschauen, spontan sagen: Apnoetauchen ist nicht nur schön, sondern leicht und mühelos. So gesehen, führten wir die Rivalität fort, die zwischen unseren Vorgängern existierte, aber in einer anderen Epoche.

In Frankreich wuchs unterdessen das Interesse am Apnoetauchen, und neue Champions traten auf den Plan, beispielsweise Éric Char-

Senkrecht in die Tiefe: der Puls wird langsamer, der Körper verblasst, nur die Seele bleibt …

Als kleines Kind hatte ich schreckliche Angst vor dem Wasser.

Meine Mutter nahm mich ins Schwimmbad mit, und plötzlich verwandelte sich der Horror in eine große Leidenschaft …

Jahr für Jahr habe ich die Rekorde in den drei Spezialdisziplinen aufgestellt: mit konstantem Gewicht, mit variablem Gewicht und im No-limit, unterstützt von meiner Mannschaft, meinen besten Freunden aus der Welt des Freediving.

Zwölf Wettkampfjahre und 19 Rekorde liegen hinter mir. Heute versuche ich, meine Tauchleidenschaft an andere weiterzugeben.

Wenn du allein im weiten Meer bist, bekommst du bereits einen Begriff von der Größe der Natur, aber wenn du im Ozean neben einem Wal tauchst, fühlst du dich wie ein winziges Staubkörnchen.

Wie Jacques Mayol war ich bei den buddhistischen
Mönchen und habe ihre Atemtechniken gelernt.

Der Musik des Meeres lauschen ...

Beim Apnoetauchen musst du mit jeder Faser deines Seins mit dem Wasser verschmelzen, eins mit ihm sein.

rier und Michel Oliva, ein Korse aus Ile-Rousse. 1995 wird der Internationale Dachverband für Tauchsport – AIDA – gegründet, der sich zum Ziel setzt, die Rekordversuche im Apnoetauchen zu reglementieren und zu vereinheitlichen. Im selben Jahr erkennt der CMAS die Apnoerekorde wieder an, aber nur die mit konstantem Gewicht, und bescheinigt somit die sportliche Überlegenheit dieser Spezialdisziplin gegenüber den anderen. 1996 wird sie offiziell von den rund 100 Ländern anerkannt, die im CMAS vertreten sind.

Es ist das Ende einer Wettkampfperiode, die nur von Pipin und mir beherrscht wurde. Nun betreten weitere Apnoisten die Arena. Einer von ihnen, der Italiener Gianluca Genoni, der zu meinen Mannschaftskameraden gehört, stellt am 17. August 1996 den Rekord von 106 Metern mit variablem Gewicht auf, während Michel Oliva meinen Rekord von 72 Metern mit konstantem Gewicht egalisiert. Oliva ist sicherlich einer der elegantesten und einer der besten Apnoisten mit konstantem Gewicht, die ich je gekannt habe.

Ich selbst errang im September 1996 in Villasimius auf Sardinien zwei Weltrekorde von 110 Metern mit variablem Gewicht und 131 Metern mit variablem Gewicht No-limit. 1996 ist auch das Jahr, in dem Michel Oliva, der sich ein Jahr später zurückzieht, nachdem er wegen eines perforierten Trommelfells einen Rekord verfehlt, großen französischen Apnoisten wie Loïc Lerme, der sich dann auf No-limit spezialisiert, den Weg bereitet.

1997 kehre ich Sardinien den Rücken und lasse mich in Porto Venere nieder, einem malerischen Städtchen in Ligurien, in der Nähe von La Spezia. Dort erobere ich mit 75 Metern den Rekord mit konstantem Gewicht zurück, den ein junger Kubaner namens Alejandro Ravelo gehalten hat, und jage ihm auch noch den Rekord mit variablem Gewicht ab, indem ich auf 110 Meter tauche.

Alejandro Ravelo überbietet 1998 meinen Rekord mit konstantem Gewicht mit 76 Metern, den ich 1999 zurückerobere und um vier Meter verbessere, eine gewaltige Leistung in der Geschichte des Apnoetauchens. Damit habe ich die Grenze von 80 Metern erreicht. 1999 ist ein wichtiges Jahr für mich, denn es gelingt mir auch, im No-limit in zwei Minuten 57 Sekunden auf eine Tiefe von 150 Metern abzusteigen und den Rekord von 138 Metern zu überbieten, den Loïc Lerme hält. Maiorca hat die 50 Meter überschritten, Mayol die 100 Meter und ich die 150! Ich fasse den Entschluss, dass dies meine beiden letzten Rekorde mit konstantem Gewicht und im No-limit sein werden. Bei meinem letzten Rekord mit variablem Gewicht machen mir die Wetterbedingungen einen Strich durch die Rechnung. Ich muss bis zum 3. November 2001 warten, um den Rekord von Gianluca Genoni mit 126 Metern zu brechen, indem ich in zwei Minuten 44 Sekunden auf 131 Meter absteige.

Damit halte ich die Weltrekorde in den drei Spezialdisziplinen und höre mit dem Wettkampf auf, und zwar aus folgenden Gründen: Im Lauf der letzten Jahre hat sich das Apnoetauchen spürbar verändert. Seit 1996 werden Mannschaftswettbewerbe organisiert. Eine erste Weltmeisterschaft dieser Art findet zwischen einem Dutzend Taucherteams in Nizza statt; der Sieg geht an die italienischen Apnoisten. 1998 findet eine weitere Meisterschaft auf Sardinien mit über 30 Mannschaften statt, die wir noch einmal gewinnen, und schließlich wird eine letzte Veranstaltung dieser Art auf Ibiza abgehalten, mit über 40 gegnerischen Mannschaften, bei der sich wiederum die Italiener durchsetzen. So greift ein allmählicher Wandel um sich, das Tauchen ist nicht mehr nur ein individueller Sport, sondern immer mehr auch ein Mannschaftssport. Nicht mehr nur der Einzelne zählt, sondern die Gruppenstrategie. Jede Mannschaft besteht aus drei Tauchern, die je drei Prüfungen bestehen müssen: tauchen mit konstantem Gewicht und statische Apnoe oder Zeittauchen. Für mich ist die Apnoe ein individueller Sport, und ich war immer sehr angespannt, wenn ich an Mannschaftswettkämpfen teilnahm, wegen der Verantwortung für das Ganze, die auf mir lastete. Aber wenn du am Ende gewinnst, so wie es bei uns der Fall war, ist es ein fantastisches Gefühl, den Sieg mit anderen zu teilen!

Im Übrigen tritt neben den beiden Apnoisten der Spitzenklasse, dem Kubaner Alejandro Ravelo und dem Italiener Gianluca Genoni, ein Newcomer auf den Plan – der Amerikaner Brett Le Master. Im No-limit muss Pipin – der den Rekord am 18. Januar 2000 in Mexiko mit einer Tiefe von 162 Metern zurückerobert – zudem mit Loïc Lerme rechnen. Die Apnoe wird allmählich in allen Ecken der Welt bekannt, nicht zuletzt durch den Kinohit *Im Rausch der Tiefe*, die Mannschaftswettkämpfe, die neue Taucher nach vorn bringen, und schließlich durch die Tauchkurse, die überall aus dem Boden schießen.

Eine weitere große Veränderung stellt die zunehmende Spezialisierung der Apnoisten dar. Heute zählen rund ein Dutzend Taucher zum Weltniveau. Aber alle sind auf eine bestimmte Disziplin spezialisiert. Für dieses Phänomen gibt es mehrere Erklärungen, beispielsweise die Kosten für die Logistik, die ein Apnoetauchgang im No-limit heutzutage erfordert. Gegenwärtig ist die Zahl der Apnoisten, die mit konstantem Gewicht tauchen, viel größer, denn diese Disziplin setzt weniger Organisation voraus und ist kostengünstiger. Außerdem wurden mit konstantem Gewicht beträchtliche Fortschritte erzielt, seit es die Monoflosse gibt, die den früher üblichen zwei Flossen weit überlegen ist. Die Grenze von 100 Meter Tiefe wird wahrscheinlich in nächster Zukunft erreicht werden. Und das, obwohl es viel schwieriger ist, mit konstantem Gewicht auf 100 Meter abzusteigen als im No-limit auf 200 Meter. Bei den beiden anderen Disziplinen, dem Tauchen mit variablem Gewicht und mit variablem Gewicht No-limit, sind die Logistikkosten viel zu hoch, als dass die Taucher ohne Sponsor auskommen könnten. Und wenn ein Sponsor in die Karriere eines Sportlers investiert, dann will er vor allem sein Image verbessern. Er filmt den Rekord, sorgt für die

Verbreitung. Werbung und Marketing beherrschen also das Leben eines Champions, und auch diese Entwicklung macht deutlich, dass eine Welt zwischen den einsamen Leistungen der Pioniere und dem heutigen Wettkampfbetrieb liegt.

Wie sehr das Apnoetauchen inzwischen in der ganzen Welt verbreitet ist, lässt sich an der Nationalität der Spitzentaucher ablesen. Außer den bereits erwähnten sind das: Martin Stepanek, Tscheche, Herbert Nitsch, Österreicher, Carlos Coste, Venezuelaner, Guillaume Néri, Franzose, Davide Carrera und Alessandro Rignani, Italiener, Manolis Yankos, Grieche, Pierre Frolla, Monegasse, und viele andere mehr. Freitauchen wird heute nicht mehr von einer Hand voll Apnoisten praktiziert, die sich gegenseitig ihre Rekorde abjagen, sondern es entwickelt sich zu einem Sport mit Mannschaftswettkämpfen, die eine immer größere Anzahl von Tauchern heranziehen. Es ist eine Disziplin mit Zukunft, in der auch immer mehr Frauen vertreten sind.

Frauen-Apnoetauchen

Frauenwettkämpfe sind seit einigen Jahren stark im Kommen, aber sie haben bereits eine lange Geschichte, die bis in die 1960er-Jahre zurückreicht. Giuliana »Jolly« Treleani, Hedy Rossler, Francesca Trombi, Evelyn Petterson jagten sich damals die Rekorde mit variablem Gewicht ab, wobei Giuliana Treleani 1967 in Kuba 45 Meter erreichte, während ihre Schwester Maria im selben Jahr auf 31 Meter mit konstantem Gewicht kam. Zehn Jahre später betraten Enzo Maiorcas Töchter Patrizia und Rossana die Szene. 1978 stellte Patrizia den Frauenrekord mit konstantem Gewicht bei 35 Metern auf, und im Jahr darauf tauchten die beiden Schwestern auf 40 Meter. 1980 schließt Rossana eine Serie von Testtauchgängen in Crotone mit einem neuen Rekord mit variablem Gewicht von 69 Metern ab. Patrizia tritt 1987 wieder in Erscheinung, um ihrer

Schwester den Rekord mit 70 Metern abzujagen. 1988 erreicht Rossana 80 Meter.

Im folgenden Jahr stellt eine 28-jährige Italienerin namens Angela Bandini, die von Jacques Mayol ausgebildet worden ist, einen neuen Weltrekord auf: Sie erreicht 107 Meter im No-limit und überbietet damit nicht nur die Frauenrekorde, sondern auch die der Männer, weil sie die von Mayol gehaltenen 105 Meter überschreitet.

Zu Beginn der 1980er-Jahre holt Rossana Maiorca im konstanten Gewicht einen Rekord nach dem anderen, bis sie schließlich 1993 auf 59 Meter kommt und mit dem Wettkampf aufhört, um sich ihrer Familie zu widmen.

Eine junge Kubanerin namens Deborah Andollo, Exweltmeisterin im Synchronschwimmen, setzt sich jetzt an die Spitze der Frauen-Apnoewettkämpfe und erreicht die größten Tiefen in den drei Disziplinen: 62 Meter mit konstantem Gewicht 1996 in Sardinien, 85 Meter mit variablem Gewicht in Kuba und schließlich, am 16. Mai 1996, 110 Meter im No-limit, wiederum in Kuba. Die besten weiblichen Apnoisten sind heute neben Deborah Andolla die Amerikanerin Tanya Streeter, die 2001 die Rekorde mit konstantem Gewicht und im No-limit holt (160 Meter), die Kanadierin Mandy Rae Cruickshank, und eine junge Türkin, Jasmine Dalkilich. Die erfolgreichsten Mannschaften auf internationaler Ebene sind die kanadische, amerikanische, italienische und französische Schule. Die französischen Taucherinnen haben leider Audrey Mestre verloren, die 2001 den Rekord von 130 Metern im No-limit aufgestellt hat. Mit Pipin, ihrem Ehemann, führte sie das Tandemtauchen ein, indem sie mit ihm auf eine Tiefe von 100 Metern im No-limit abstieg, ebenfalls 2001. Audrey Mestre ist am 12. Oktober 2002 im Alter von 28 Jahren vor La Romana im Osten von Santo Domingo tödlich verunglückt, als sie Pipins Rekord von 162 Metern im No-limit einzustellen versuchte.

Die Frauen haben die Entdeckung der Tiefe teuer erkauft. Trotzdem glaube ich, dass sie sich großen Tiefen besser anpassen können als Männer. Sie verbrauchen weniger Sauerstoff und haben einen viel elastischeren Thorax. Auch die Gewebe und Organe der Luftwege, die beim Kompensieren eine Rolle spielen, sind bei Frauen elastischer und daher besser für diese Praktik geeignet. Schon 1994 habe ich in einem Artikel die Ansicht vertreten, dass Frauen beim Apnoetauchen ohne weiteres mit den Männern gleichziehen können. Das war mit lautem Gelächter quittiert worden, aber inzwischen haben die Frauen den Beweis dafür erbracht, vor allem im No-limit, einer Disziplin, die keine besonderen Körperkräfte verlangt. Frauen haben mehr Probleme mit konstantem Gewicht, wo der Muskelfaktor eine größere Rolle spielt. Ich bin davon überzeugt, dass Frauen die großen Apnoisten von morgen sein werden.

Meine drei letzten Rekorde

Ich hatte mir vorgenommen, während einer Woche vor Portofino drei Rekorde zu versuchen: 80 Meter mit konstantem Gewicht, 130 Meter mit variablem Gewicht und 150 Meter im No-limit, und dann mit dem Wettkampf aufzuhören. Ich war der einzige Apnoist, der sich nicht spezialisiert hatte, der für alle drei Disziplinen trainierte. Deshalb wollte ich die drei Weltrekorde erringen und mich dann zurückziehen. Als ich 1996 auf 131 Meter mit variablem Gewicht No-limit abgestiegen war, hatte ich den Entschluss gefasst, künftig nicht mehr mit variablem Gewicht und No-limit zu tauchen, weil der Abstieg in solche Tiefen ein großes Risiko für die Sicherungstaucher bedeutet. Ich wollte sie nicht in Gefahr bringen. Was mich dazu brachte, meine Meinung zu ändern und doch noch einen Tauchgang im No-limit zu riskieren, war die Tatsache, dass sich uns 1999 in Portofino für diesen Rekord besonders günstige Bedingungen boten: Wir hatten die *Anteo* zur Verfügung, ein Schiff der italienischen Marine, zu dessen Mannschaft auch Marinetaucher gehörten. Die *Anteo* verfügte über drei Überdruckkammern und ein Team professioneller Taucher, die jeden Tag trainierten und mit einem Spezialequipment tauchten, unter anderem mit Anzügen, in denen die Taucher wie Michelinmännchen aussahen und sich unter Wasser mit Hilfe eines Propellers fortbewegten. Es standen auch »rovs« zur Verfügung – gelbe Unterwasserkameras, die in große Tiefen gebracht und von der Oberfläche aus bedient werden. Außerdem besaß die *Anteo* ein U-Boot mit Gerätetauchern, die im Notfall Hilfe leisten konnten. Das war sehr wichtig, denn wenn ich unter Wasser gehe, begleitet mich meine Mannschaft und kümmert sich um mich, wenn es nötig ist, aber falls einer von ihnen in Schwierigkeiten geriete, hätten die Marinetaucher eingreifen und ihm helfen können. Wir fanden also ideale Bedingungen vor, und deshalb wollte ich die 150 Meter in Angriff nehmen. Andere Tiefen interessierten mich nicht. Enzo Maiorca hatte als Erster die 50 Meter geschafft, Jacques Mayol die 100 Meter, und ich wollte jetzt die 150-Meter-Grenze überschreiten. Das war ein schwieriges Unterfangen, denn mein vorangegangener Rekord im No-limit betrug 131 Meter. Ich musste also 19 Meter tiefer gehen, was ungeheuer viel ist, und den Weltrekord von 120 Metern überschreiten.

Wie immer habe ich mich gut auf den Rekord mit konstantem Gewicht vorbereitet, mittels eines Trainings, das alle Kategorien abdeckt. Ich wollte am Montag den Rekord mit konstantem Gewicht, am Donnerstag oder Freitag den mit variablem Gewicht und am darauf folgenden Montag No-limit versuchen und damit meine Karriere beenden.

Der Rekord mit konstantem Gewicht

Ich habe lange auf Sardinien trainiert, dann auf Elba. Anschließend habe ich mich mit meiner Mannschaft nach Portofino begeben, wo ich am 18. Oktober den Rekord mit konstantem Gewicht in Angriff nehmen wollte. Bis dato hielt Alejandro Ravelo den Tiefenrekord (76 Meter), und ich beabsichtigte, auf 80 Meter hinabzusteigen. Ich hatte viel mit Konzentrations- und Entspannungstechniken gearbeitet und fühlte mich gut. Ich bereitete mich vor wie immer, tauchte ins Wasser ein, begann mit meinen Atemübungen und ließ den Tauchgang, den ich gleich antreten würde, vor meinem geistigen Auge ablaufen. Ich sah mich ins Wasser gleiten, ich kompensierte sogar, so intensiv durchlebte ich den Abstieg im Voraus, ich sah mich kräftig mit den Flossen arbeiten, dann meinen Schwung ein wenig bremsen und so weiter. Das ist der virtuelle Tauchgang, den ich immer durchexerziere, bevor ich in die Tiefe absteige. Dann entspanne ich mich, ich atme, und wenn ich bereit bin, gebe ich das Fünf-Minuten-Signal, woraufhin die restliche Mannschaft sich an ihre Posten begibt. Schließlich atme ich ein letztes Mal tief ein, bevor ich starte. Ich gleite ins Wasser, ich steige mit kräftigen Flossenschlägen abwärts, und während des Abstiegs schließe ich die Augen. Ich öffne sie nur ungefähr alle fünf Meter, um sicherzugehen, dass ich parallel zum Seil absteige. An jenem Tag hörte ich bei 40 Metern ganz mit der Flossenarbeit auf und ließ mich im freien Fall von 40 auf 80 Meter hinunterfallen. Ich blieb in der bestmöglichen hydrodynamischen Position, indem ich nur die nötigsten Bewegungen mit dem Handteller ausführte. Auf dem Grund angekommen, öffnete ich die Augen und erblickte die Plakette. Ich ergriff sie und nahm das Schwerste in Angriff, den Aufstieg an die Oberfläche. Ich blieb absolut konzentriert und wiederholte mir immer wieder, dass alles gut gehe. In der letzten Phase hatte ich sehr schwere Beine, aber ich spürte, dass ich es schaffen würde, und als ich an die Oberfläche stieß, erfüllte mich ein ungeheures Glücksgefühl.

Trotzdem konnten wir nicht groß feiern, weil wir sofort mit dem Training für die nächsten Rekorde fortfahren mussten, und schon am nächsten Morgen war ich im Wasser, um mich für den Tauchgang mit variablem Gewicht vorzubereiten. Am Dienstag stieg ich auf 105 Meter ab und am Donnerstag auf 120. Ich war bereit, den Rekord mit variablem Gewicht in Angriff zu nehmen.

Bis jetzt war das Wetter günstig gewesen, aber am Donnerstag tobte ein schrecklicher Sturm los. Gewaltige Böen, fünf bis sechs Meter hohe Wellen. Die *Anteo*, die eine Länge von 100 Metern hatte, musste im Hafen von Genua vor Anker gehen. So konnte ich am Donnerstag nicht für den Rekordversuch mit variablem Gewicht trainieren, den ich am nächsten Tag unternehmen wollte. Als das Kriegsschiff in den Hafen zurückkehrte, rief mich der Kommandant an und sagte: »An deiner Stelle würde ich nur einen von den beiden Rekordversuchen unternehmen, die du vorhast. Nach den Wettervorhersagen, die wir hier an Bord bekommen, sind drei starke Turbulenzen im Anmarsch, und das wird mindestens eine Woche anhalten. Wenn du Glück hast, kannst du einen Rekord zwischen zwei Stürmen unterbringen, aber mehr auch nicht.«

Der Rekord im No-limit

Wir setzten uns daraufhin mit Massimo Giudicelli und der ganzen Mannschaft zusammen und einigten uns auf den Rekord im No-limit, denn das war in organisatorischer Hinsicht der schwierigste. Und da wir das Schiff zur Verfügung hatten, wollten wir es auch nutzen. Das Problem war, dass ich seit 1996 keinen No-limit-Rekord mehr versucht und vergessen hatte, was am Grund zu tun ist, um den Hebeballon zu aktivieren. Wenn ich in der Tiefe ankäme, die ich mir gesetzt hatte, wollte Massimo, mein Trainer, der immer an meiner Seite war, dass ich den Ballon unten selbst löste, bevor ich ihn aufblies und wieder aufstieg. Das ist normalerweise eine einfache Sache, aber in den Meerestiefen stellte es sich komplizierter dar: Die linke Hand muss den Griff des Ballons ergreifen, die rechte Hand den Hahn der kleinen Flasche öffnen, die dazu dient, ihn aufzublasen, bevor sie ihn dann loshakt. Wir waren entschlossen, den Rekord trotzdem in Angriff zu nehmen. Ich wollte die 150 Meter erreichen, eine Zahl, die noch fehlte. Aber irgendwie musste ich eine Möglichkeit zum Trainieren finden, und sei es nur ein einziges Mal. Am Freitag legte sich der Sturm nachmittags ein bisschen, und die *Anteo* fuhr aufs Meer hinaus. Es dauerte vier Stunden, dann hatte sie endlich Anker geworfen, was für ein Schiff ihrer Art unter solchen Umständen ein schwieriges Manöver war. So war es schon fünf Uhr, und es wurde allmählich dunkel. Das Ziel, das Massimo und ich uns gesetzt hatten, war folgendes: Da ich auf 150 Meter absteigen wollte, musste ich das letzte Mal bei 130 Metern kompensieren. Das heißt, es würde genügen, wenn ich auf diese Tiefe herunterkam, kompensierte, 20 Sekunden anhielt, dann wieder aufstieg, ohne bis auf 150 Meter hinunterzugehen. Auf diese Weise konnte ich die wichtigste Übung absolvieren, die letzte Kompensation, und gleichzeitig meinen Sicherungstauchern zwei, drei Stunden zusätzliche Dekompressionszeit ersparen, wenn ich 20 Meter oberhalb der Tiefe anhielt, die ich erreichen wollte. Da es auf den Abend zuging, wären sie sonst gezwungen gewesen, in der Dunkelheit auf offenem Meer zu dekompressieren.

Wir trafen die nötigen Vorbereitungen, ich konzentrierte mich und stieg auf den Tauchschlitten. Gigi hielt sich an der Oberfläche bereit, um den Schlitten auszuklinken: Ich unternahm wie immer einen kleinen Tauchgang auf 30 oder 40 Meter, um meine Atmung zu trainieren, dann gab ich das Fünf-Minuten-Signal – 5, 4, 3, 2, 1, 0. Der Schlitten wurde ausgeklinkt, und ich glitt hinunter. Alles ging gut, ich tauchte in die Schwärze, ich erreichte in einer undurchdringlichen Dunkelheit die 130 Meter; ich sah nur meine Männer, die die Stelle ausleuchteten, wo ich ankommen sollte. Ich musste kompensieren und dann die Handgriffe vollführen, mit dem der

Hebeballon aktiviert wurde. Als ich auf 130 Metern kompensierte, ging mit dem rechten Ohr alles nach Plan, jedoch nicht mit dem linken. Ich machte einen weiteren Versuch und hörte ein Pfeifen, das ich vorher noch nie wahrgenommen hatte. Ich wartete die vorgesehenen 20 Sekunden ab, kümmerte mich um den Ballon und stieg wieder nach oben. Bei 50 Metern ließ ich den Ballon los und stieß mich mit den Armen hinauf, alles lief bestens. Ich stieg aus dem Wasser, kletterte ins Boot zurück, zog meinen nassen Anzug aus, damit ich mich nicht erkältete, was am Abend vor dem Rekord eine Katastrophe gewesen wäre, und sagte zu meinem Arzt Umberto Berretini: »Hör mal, Umberto, ich hab so ein komisches Pfeifen gehört, schau dir mal mein Ohr an.«

Dr. Berretini und der Militärarzt untersuchten mich und stellten fest, dass mein Trommelfell etwas gerötet war, aber das erschien ihnen in Anbetracht der großen Tiefe, in die ich gerade abgestiegen war, normal. Doch Mayol hatte mich gelehrt, dass wir selbst unser bester Arzt sind, und ich spürte, dass etwas nicht stimmte. Unterdessen stiegen die Sicherungstaucher nach und nach wieder auf, und um 1.30 Uhr morgens kehrten wir in den Hafen zurück.

Am nächsten Tag war der Rekord im No-limit fällig. Wir wollten uns um halb sieben Uhr morgens im Hafen treffen. Wieder war das Meer sehr aufgewühlt, der nächste Sturm war losgebrochen, es regnete, das Schiff musste erneut im Hafen von Genua vor Anker gehen: eine wahre Katastrophe. Es war völlig ausgeschlossen, einen Rekordversuch zu starten, egal welcher Art. Außerdem spürte ich etwas Anormales in meinem Ohr. Ich rief meinen Arzt, um mich noch einmal untersuchen zu lassen. Dr. Berretini ließ Massimo und mich ins Hotelschwimmbad kommen. Dort stieg ich die Leiter auf einen Meter Tiefe hinunter, ich kompensierte, und die beiden sahen kleine Bläschen aus meinen Ohren herauskommen. Das bedeutete, dass mein Trommelfell perforiert war. Der Arzt war weiß wie ein

Laken, als er mir eröffnen musste, dass ich in diesem Zustand auf keinen Fall meinen Rekordversuch durchführen konnte. Und er hatte allen Grund, meine Reaktion zu fürchten, denn zu akzeptieren, dass meine ganze Arbeit, die Organisation, die dieser Rekordversuch voraussetzte, alle meine Träume umsonst gewesen sein sollten, nur weil ich ein kleines Loch im Ohr hatte, das war mir schlicht unmöglich. Ich schlug ihm also Folgendes vor: »Hör zu«, sagte ich, »ich kann den Schlitten zurückhalten, ich kann bremsen. Erlaub mir wenigstens, dass ich es morgen versuche, und wenn es Probleme gibt, komm ich sofort wieder hoch an die Oberfläche, das verspreche ich dir. Lass es mich doch wenigstens versuchen!«

Man muss hinzufügen, dass es in der Geschichte der Apnoe viele Taucher gegeben hat, die mit perforiertem Trommelfell in die Tiefe abgestiegen sind, und dass dies mancherorts heute noch Usus ist. Man denke beispielsweise an die polynesischen Perlenfischer, die ihren Kindern das Trommelfell durchstachen, damit sie nicht kompensieren mussten, oder an Georghios Haggi Statti, der ein Loch in einem Trommelfell hatte, während das andere ganz fehlte. Corsaro hatte mir von Korallenfischern erzählt, die mit Flaschen tauchten. Manchmal verletzten sie sich das Trommelfell, aber da sie weiterarbeiten mussten, stopften sie sich beim Absteigen die Ohren mit den Fingern zu. Es gab also genug Taucher, die mit perforiertem Trommelfell unter Wasser gingen, aber was für mich letztendlich den Ausschlag gab, mein Glück zu versuchen, war die Tatsache, dass ich mir das Trommelfell erst perforiert hatte, als ich schon am Grund war. Ich hatte also 20 Sekunden auf 130 Meter Tiefe verbracht und war ohne die geringste Schwierigkeit wieder aufgestiegen und aus dem Wasser herausgekommen. Ich hatte nichts von Gleichgewichtsstörungen oder Labyrintitis gespürt, den beiden typischen Symptomen bei perforiertem Trommelfell, denn wenn das Wasser ins Innenohr eindringt, streikt der Gleichgewichtssinn.

Der Arzt, der ziemlich ratlos war, denn er hatte die Aufgabe, meinen Gesundheitszustand zu überwachen, machte mir folgenden Vorschlag: Ich sollte auf meinen Aufwärmungstauchgang verzichten, meine Atmung an der Oberfläche trainieren und dann beim Start etwas Wasser in die Kapuze meines Anzugs eindringen lassen, um einen thermischen Schock zu verhindern. Danach würde man weitersehen. Niemand in meiner Umgebung ahnte etwas davon, weder meine Mannschaft noch meine Familie. Die Einzigen, die wussten, dass ich ein Loch im Trommelfell hatte, waren mein Arzt – Umberto Berretini – und Massimo Giudicelli.

Am nächsten Morgen, es war ein Sonntag, war ich bereits um halb sechs in der Frühe am Hafen. Das Schiff hatte es geschafft, wieder hinauszufahren und im offenen Meer Anker zu werfen. Das Meer war immer noch sehr aufgewühlt. Um sechs Uhr stiegen wir in die großen Schlauchboote, um zur *Anteo* hinauszufahren. Die Wellen waren so stark, dass wir mehr als anderthalb Stunden brauchten, um in den riesigen Booten vier Meilen zurückzulegen, während die Überfahrt normalerweise nur zehn Minuten dauerte. Wir kletterten auf der geschützten Seite des Schiffs an Bord. Die Männer meines Teams machten sich sofort an die Arbeit, und ich stieg auf die Brücke und versuchte zu atmen, mich locker zu machen, mich zu entspannen. Ich war sehr nervös, weil ich wegen des schlechten Wetters am Tag davor nicht hatte trainieren können, ich brachte seit zwei oder drei Tagen keinen Bissen mehr hinunter, ich schlief nicht mehr: In den letzten Nächten war ich immer wieder ans Fenster getreten, um zu sehen, wie das Wetter war, wie stark der Wind blies, ob ich die *Anteo* in der Ferne erblicken konnte. Ich war tief erschöpft, aber entschlossen, die Sache durchzuziehen, nachdem wir sie nun einmal begonnen hatten.

Gegen halb zehn erhielt ich einen Anruf: »Es ist alles bereit, jetzt bist du an der Reihe!« Ich erinnere mich noch an die Blicke, die wir miteinander wechselten, Massimo, Umberto und ich, weil wir ja wussten, dass es ein Problem gab. Ich streifte meinen Tauchanzug über, ich glitt ins Wasser, ich blieb an der Oberfläche, ich atmete fünf Minuten lang, dann machte ich einen Zeittauchgang von fünf Minuten, ich atmete wieder, ich entspannte mich. Ich war in einer ganz außergewöhnlichen psychischen Verfassung. Noch nie hatte ich mich in einer solchen Situation befunden. Ich war verletzt und weniger konzentriert als sonst. Unruhiger auch: Die Tiefe, in die ich absteigen wollte, hatte ich noch nie vorher erreicht, selbst beim letzten Training nicht; ich war noch nie mit einem perforierten Trommelfell unter Wasser gegangen – kurz, es war wirklich ein Sprung ins Unbekannte.

Ich stieg auf den Schlitten. 5, 4, 3, 2, 1 – zehn Sekunden nach Null gab ich das Signal, und Gigi klinkte den Schlitten aus. Ich hatte die Bremse leicht angezogen, um das Tempo zu drosseln, ich tauchte ins Wasser, ich öffnete ein wenig die Kapuze meines Anzugs, um Wasser eindringen zu lassen, dann kompensierte ich. Und dabei stellte ich fest, dass ich auch das Trommelfell im linken Ohr kompensieren konnte, obwohl ein paar Blasen herausdrangen. Ich sagte mir: »Ich habe acht Liter Luft, und die zwei, drei Blasen, die ich jedes Mal verliere, werden mich nicht daran hindern, den Grund zu erreichen.« Ich ließ die Bremse los und stieg bis auf 150 Meter in die Tiefe. Massimo hat mir immer geraten, die Augen nicht zu öffnen, und ich hielt mich meistens daran, aber jetzt wollte ich wissen, was es auf 150 Metern zu sehen gab. Es war schrecklich: eine finstere, schlierig-braune Masse, die in einem seltsamen Grün badete. Ich hatte ein stark eingeschränktes Gesichtsfeld, denn die Kameras leuchteten nur die Stellen aus, wo ich ankommen sollte. Die Kameras sind ein Muss, da der Rekord sonst nicht anerkannt wird. Ich hatte also eine dabei, auch Scheinwerfer dazu, und plötzlich sah ich den Unterwasserroboter der Marine, der von den Männern an der

Oberfläche gelenkt wurde, und sie schalteten ihre Lichter an und aus, als ob sie mich grüßen wollten. Es war wie ein frischer Atemzug, alle die Menschen in meiner Nähe zu spüren, und ich hatte ein ganz seltsames Gefühl, so als verträte ich die Menschheit, als wäre ich der Botschafter der menschlichen Spezies in den Tiefen des Meeres. Niemand war je so weit hinuntergekommen, und ich würde in Neptuns Reich eindringen, als Abgesandter der Menschenwelt.

Ich blieb einige Augenblicke auf dem Meeresgrund, ich hatte es nicht eilig zurückzukehren. Ich aktivierte den Hebeballon, stieg wieder auf, dann ließ ich bei 50 Metern den Ballon los und stieß mich sachte mit meinen Armen an die Oberfläche hinauf. Es war sehr schön, ich glitt an allen meinen Männern vorüber, die mich anfeuerten, dann stieg ich aus dem Wasser, ich umarmte die drei Apnoisten, die mich oben erwarteten – Davide, Roberto und Jorge Rodas –, ich grüßte alle Welt, ich hörte die Schiffssirenen, die zu tuten anfingen. Es waren nur wenige Boote unterwegs, denn das Meer war zu aufgewühlt. Ich tauchte wieder unter Wasser, um meinen Sicherungstauchern die Hand zu schütteln, ich wartete, bis sie herausstiegen, ich kletterte an Bord und ließ mein Ohr behandeln. Geschafft: Ich hatte den Weltrekord im No-limit aufgestellt. Maiorca hatte 50 Meter erreicht, Mayol 100 Meter, und ich hatte die 150-Meter-Grenze überschritten!

Wegen der schlechten Wetterbedingungen konnte ich den Rekordversuch mit variablem Gewicht nicht in derselben Woche unternehmen und auch nicht im selben Jahr. Ich wartete bis 2001, ehe ich es versuchte. Manchmal kam ich mir wie verhext vor: Seit 1996 war das Wetter immer katastrophal und das Meer völlig aufgewühlt, wenn ich einen Rekord aufstellen wollte.

2000 beteiligte ich mich an keinem Wettkampf, denn ich drehte den Film *Ocean Men*.

2001 war der Zeitpunkt gekommen, an dem ich mich aus der Wettkampfarena verabschieden wollte, indem ich einen letzten Rekord mit variablem Gewicht aufstellte. Ich war bestens trainiert und hatte zwei Ziele für dieses Jahr: zuerst die Weltmeisterschaft im Mannschaftstauchen, die in Ibiza stattfinden sollte, und dann den Weltrekord mit variablem Gewicht. Als ich auf Ibiza eintraf, hatte ich mich beim Training fast übernommen: Ich war ausgelaugt und müde, geistig erschöpft. Aber alles ging gut, und im Oktober 2001 gewann die italienische Mannschaft – Davide Carrera, Gaspare Battaglia und ich – zum dritten Mal die Weltmeisterschaft im Mannschafts-Apnoetauchen.

Der Rekord mit variablem Gewicht

Die Saison war schon ziemlich weit vorangeschritten, so dass es ratsam schien, den letzten Rekord in meiner Taucherkarriere an einer geschützten Stelle in Angriff zu nehmen. Ich dachte dabei an Capri, eine Insel mit steilen Felshängen, wo das Meer in Küstennähe extrem tief ist. Außerdem kann man sich, je nach dem Wind, der gerade bläst, hinter einem der Steilhänge verschanzen, die hoch genug sind, um Schutz vor dem Wind zu bieten. Wir trafen also zusammen mit Enrico Lupo von der Apnoeakademie in Neapel und mit den zuständigen Leuten in Capri die Vorbereitungen für den Rekordversuch. Dieser Rekord steht in einer besonderen Tradition, denn Raimondo Bucher, der erste *recordman* in der Geschichte des Apnoetieftauchens, hat seine Tauchleistung genau hier im Golf von Neapel erbracht. Es war ein wenig wie die Rückkehr zu den Wurzeln, 50 Jahre später, am selben Ort. Mir stand kein Kriegsschiff mehr zur Verfügung, sondern – wiederum im Sinne der Rückkehr zu den Ursprüngen – eine alte Schaluppe, die *Santa Maria*, deren Mannschaft aus Fischern bestand, Männern, die das Meer gut kannten. Es war ein Rekord ohne große Schiffe, ohne Pauken und Trompeten, ohne viel Publikum, in der denkbar größten Einfachheit. Mir lag sehr viel daran, denn mit dieser letzten Glanzleistung wollte ich meine Tauchkarriere ja beenden. Allerdings wurde ich live vom RAI gefilmt, was mich ein bisschen nervös machte, weil du dich dann nach ihrem Programm richten musst. Wenn eine halbe Stunde Liveübertragung eingeplant ist, musst du genau in diesem Moment fertig sein und keine Sekunde später.

Ich wollte einen neuen, silbern gestrichenen Tauchschlitten benutzen. Meine Freunde und alle, die nach Capri gekommen waren, um mich zu sehen, die mich kannten oder sich für die Apnoe interessierten, konnten darauf einen Satz verewigen, einen Gedanken, ihre Unterschrift oder eine kleine Zeichnung, und ich wollte die guten Wünsche all dieser Menschen mit in die Tiefe hinunternehmen. Am Morgen erwachte ich schon im ersten Dämmerlicht, ich las alles, was die Leute mir geschrieben hatten, und zwei Botschaften haben mich besonders berührt. Die eine, von meiner Schwester Stefania, lautete folgendermaßen: »Neptun dankt dir und grüßt dich. Du wirst ihm sehr fehlen.« Die andere kam von Jorge, meinem Mannschaftskameraden und Freund: »Was auch immer geschieht, es gibt einen Weltrekord, den dir niemand nehmen kann, den der Einfachheit.«

Am 3. November war das Meer aufgewühlt, der Nordwestwind hatte sich erhoben, aber wir verschanzten uns im Süden der Insel, und ich ging auf 131 Meter Tiefe mit variablem Gewicht hinunter. Ich hatte genau diese Tiefe erreichen wollen, denn es war die gleiche, die ich 1996 im No-limit geschafft hatte, das heißt, Aufstieg mit einem Hebeballon, während ich mich diesmal mit der Kraft meiner Arme an die Oberfläche bewegte. Es war mein 19. Rekord, und ich kündigte an, dass es auch mein letzter sein sollte, ein Versprechen, das ich bis heute gehalten habe. Es war ein Augenblick der Rührung, ich tauchte wieder ins Wasser zurück, um ein letztes Mal alle

Mitglieder meiner Mannschaft zu umarmen und mit ihnen unter Wasser Champagner zu trinken.

Meine Mannschaft

Einer der schwersten Momente nach meinem Entschluss, dem Wettkampf Ade zu sagen, war der Abschied von meiner Mannschaft. Denn ich hatte vielleicht nicht die besten Taucher der Welt, aber ich habe unter ihnen meine besten Freunde im *Cirque bleu* gefunden.

Ein Sicherungstaucher, der zur Mannschaft eines weltberühmten Apnoisten gehört, genießt ungefähr das gleiche Prestige wie ein Mechaniker, der im Rennstall von Ferrari arbeitet. Alle Mitglieder der Mannschaft teilen starke Emotionen, Empfindungen, intensive Momente miteinander, die Aufregung, die mit Siegen in einer Welt der Elite, der Rekordjagd verbunden ist. Diese Männer haben mich in die Tiefe begleitet, sie haben mit mir Freude und Siege geteilt, aber auch Augenblicke der Enttäuschung, Stress, Arbeit unter schlechten Bedingungen ...

Der wichtigste Mensch war für mich Massimo Giudicelli. Er hat mich entdeckt, er hat als Erster Vertrauen in mich gesetzt, er hat mich geprägt. Von ihm habe ich gelernt, wie man sich zum Trainieren motiviert, selbst wenn es stürmt, wenn es kalt ist, wenn der Taucheranzug nass ist. In solchen Situationen schloss ich die Augen und stellte mir vor, wie mein Gegner trainierte, um mir meinen letzten Rekord abzujagen. Ich hegte großen Respekt vor meinen Konkurrenten, und das stimulierte mich, spornte mich an, meinerseits zu arbeiten. Ich sagte mir: »Der Taucher, den ich letztes Mal geschlagen habe, bereitet sich jetzt vor, um mich zu schlagen!« Und dann nahm ich mein Training wieder auf.

Massimo hat mir Disziplin beigebracht, vor allem anfangs, als ich nur meinen Spaß haben wollte. Später hat sich das geändert, ich habe begriffen, dass ich unablässig arbeiten musste, um Risiken auszuschalten, die aus meinen Fehlern entstehen konnten, und vor allem, um andere nicht in Gefahr zu bringen, indem ich sie zwang, mir zu Hilfe zu kommen. Von Massimo habe ich auch gelernt, nicht auf herabsetzende Kritiken zu reagieren und ruhig zu bleiben. Wir waren immer zusammen. Er trug die Verantwortung für die Mannschaft und wählte die Männer aus, die mit uns arbeiteten.

Die Mannschaft war folgendermaßen zusammengesetzt: erstens die Apnoisten, die an der Oberfläche bleiben. Sie sind normalerweise zu viert. Zwei bleiben an der Oberfläche, und die anderen beiden kommen mir entgegen, wenn ich aufsteige, und legen die letzten dreißig Meter mit mir zusammen zurück. In der Phase sind die Risiken am größten. Gerätetaucher können sich nicht schnell unter Wasser bewegen und auch nicht schnell genug aufsteigen, falls es nötig wird, im Gegensatz zum Apnoisten, der keine Dekompressionsprobleme hat und keine Lungenembolie riskiert. Notfalls kann mich ein Apnoist aus 25 Meter Tiefe nach oben an die Luft bringen. Weiter unten hält sich alle zehn bis zwölf Meter ein Taucher bereit, bis zu der maximalen Tiefe, in die immer zwei Männer absteigen: Alberto Gnuva und Massimo Giudicelli. Für den Fall, dass ich in einer größeren Tiefe Schwierigkeiten begegnen sollte, ist jeder Taucher mit einer Notausrüstung versehen, einem Hebeballon, der am Seil befestigt ist und der mich an die Oberfläche zurückbringt, wo die Ärzte die nötige Hilfe leisten können ... Die Rettungsmaßnahmen finden also nie unter Wasser statt. Unter Wasser Luft zu geben, das wäre zu gefährlich, daher ist es besser, den Apnoisten anzuseilen, selbst wenn er das Bewusstsein verloren hat, und an die Oberfläche zu bringen, bevor man ihn medizinisch versorgt. Wenn der Apnoist einen Liter Luft auf 100 Meter atmen und in bewusstlosem Zustand und mit geschlossenem Mund aufsteigen würde, dann würde sich dieser Liter an der Oberfläche wegen des Druckabfalls und der Volumensteigerung in elf Liter verwandeln. Und wenn der Mund geschlossen bleibt und die Luft nicht ausströmen kann, explodiert die Lunge, und der Taucher stirbt. Die medizinische Versorgung wird also immer an der freien Luft vorgenommen. Zum Glück war ich in meinen zwölf aktiven Jahren nie auf solche Rettungsaktionen angewiesen, auch wenn sie aus Präventionsgründen im Training geübt werden.

Jeder einzelne Mann ist unverzichtbar. Wenn manchmal einer von ihnen beim Abstieg fehlte, spürte ich sofort seine Abwesenheit.

Alle haben ihre Eigenheiten: der Taucher, der nicht gut Italienisch, sondern nur Toskanisch spricht, wird *Professore* genannt. Ein anderer, der Straßenkehrer auf Elba war, nun ein fantastischer Taucher ist, heißt *Mondezza* (Kehricht), und ein weiterer Taucher, Stefano Furgani, Polizist, wird als *Commissario* tituliert. Wir haben mehrere Feuerwehrtaucher: Corrado, sehr muskulös, den wir *Braccio di Ferro* nennen (Popeye), Daniele, der bei uns *Oxford* heißt, weil er besser Toskanisch als Italienisch spricht, Ivano aus Livorno, genannt *Boiade* (ein typisch Livorneser Ausdruck), ein weiterer, der aus Genua kommt, wird *Ivano* genannt, und Luca Bortulus heißt *filosofo* (Philosoph), denn er ist der Gebildetste von uns. Einer kümmerte sich um die Küche, einer hielt das Boot in Stand, jeder hatte seine Aufgabe. Aber alle waren außergewöhnliche Persönlichkeiten. Wenn das Datum des Rekords näher rückte, kamen noch andere Männer hinzu, die sonst ihrem Beruf nachgingen und sich ungefähr 14 Tage vor dem Rekord freinahmen. So erhielt unsere Mannschaft Verstärkung durch die Taucher Carlucci, Aldo Besnati, Rocchi – der mir meine ersten Tauchlinsen brachte, als ich 1990 in der Kasernenküche beim Abwasch war – und den Sportarzt Umberto Berretini. Außerdem schloss sich uns noch Alberto Gnuva an, *Cittadino* genannt (Städter), weil er aus Mailand kam, ein Experte für technische Probleme beim Apnoetieftauchen, der mit Massimo unten am Meeresgrund blieb, um notfalls einzugreifen. Jeder hatte seinen Spitznamen, seinen Platz in der Mannschaft. Am Anfang war Roberto Sparnocchia für die Sicherung an der Oberfläche, Dekompression und so weiter zuständig. Mit seinem mächtigen Bart und seinem großen Herzen ... Später, als ihn seine Arbeit zu sehr in Anspruch nahm, trat er seinen Platz an Gigi, *Il Fiorentino* (Florentiner), ab, der für die Koordination der ganzen Mannschaft an der Oberfläche die Verantwortung übernahm. Weitere erstklassige Taucher – Jonathan, Jürgen (ein Deutscher mit Spitznamen *Archimedes*, weil er der König der Erfinder war) und die Feuerwehrtaucher aus Genua gesellten sich zu uns. Meine Assistenten an der Oberfläche wurden mit der Zeit immer zahlreicher: Roberto Chiozzoto, ein enger Freund, Davide Carrera, der im Alter von 18 Jahren bei mir angefangen hat.

Davide war 1994 zu mir gekommen, weil Apnoetauchen seine Leidenschaft war. Aber wie viele junge Leute trainierte er ganz allein. Eines Tages fiel er jemandem dabei auf, der ihn fragte, warum er das Risiko eingehe, ohne Begleitung zu tauchen. Davide antwortete ihm, dass er keine Möglichkeit habe, mit Tauchern zu trainieren. Der Mann, der ihn ansprach, kannte einen meiner Freunde und sagte zu Davide: »Wenn du mir versprichst, dass du nicht mehr allein tauchst, stelle ich dir Umberto Pelizzari vor.« So kam Davide eines Morgens zu mir auf die Insel Elba. Er war sehr jung, sehr schüchtern und zurückhaltend, lernte aber schnell, so dass er überall einen guten Eindruck machte. Und als Gianluca Genoni, einer meiner Sicherungstaucher an der Oberfläche, im nächsten Jahr unsere Mannschaft verließ, weil er selbst Rekorde aufstellen wollte, boten wir ihm seinen Platz an. Davide konnte sein Glück kaum fassen! Und so kam er in unsere Mannschaft. Heute ist Davide für mich einer der besten Apnoisten der Welt und vor allem einer der elegantesten, denn er bewegt sich mit echter Grazie unter Wasser.

Zu unserer Mannschaft gehörte auch ein Kolumbianer, Jorge Rodas, der sich um die Sicherung an der Oberfläche kümmerte und außerdem mein Masseur war, sowie Enrico Lupo, ein distinguierter Neapolitaner, *Avvocato* genannt (Anwalt), der immer ruhig, immer gut gelaunt war. Ein weiterer Sicherungstaucher an der Oberfläche war Mike Marich, *Il Dentista* (Zahnarzt), Professor an der Universität, der seine Ferien der Apnoe widmete und bei Zahnproblemen zur Verfügung stand. Ungefähr 20 Personen alles in allem.

Und schließlich zählte noch Alfredo Guglielmi, genannt *Corsaro*, zu der Mannschaft, eine charismatische Persönlichkeit und einer der besten Taucher, die ich kenne. Er hat mir viel geholfen, vor allen Dingen in meinen Anfängen auf Elba.

Corsaro sagte mir oft: »Eines Tages gehen wir zusammen auf Schatzsuche und holen die Reichtümer herauf, die im Meer unten liegen.« Wer weiß, eines Tages vielleicht …

Manchmal kamen Journalisten, um eine Reportage zu machen, und sie lebten dann zwei oder drei Tage mit unserer Mannschaft. Alle waren beeindruckt von der Atmosphäre, die entsteht, sobald man aufs Schiff steigt, die plötzlich ganz anders ist als die übliche Stimmung unter guten Kumpeln, die zusammen arbeiten, scherzen, essen und feiern. Sobald wir das Schiff betreten, sind wir wie ausgewechselt. Jeder ist um äußerste Konzentration bemüht. Wenn wir die Abstiegsstelle erreichen, erledigt jeder seine Arbeit mit der Präzision eines Schweizer Uhrwerks, und es herrscht eine ungewöhnliche Einhelligkeit. Niemand spricht, man hört nur noch den Wind, die Meeresstille, eine beredte Stille, wie ein andächtiges Schweigen, das alles sagt, in dem man sich alles sagt. Massimo, der das Ganze überwacht, gibt seine Befehle mit einer knappen Geste, einem kurzen Blick, um die anderen nicht aus ihrer Konzentration zu reißen. Es ist ein einzigartiger Moment, sehr schön, sehr schwer zu beschreiben, wenn man es nicht selbst erlebt hat.

Solange der Tag des Rekordversuchs noch in weiter Ferne liegt, muss nicht die ganze Mannschaft anwesend sein. Da du nicht in große Tiefen tauchst, genügt es, wenn du von anderen Apnoisten begleitet wirst, die notfalls Hilfe leisten können. Zwei Monate vor dem Rekord treffen allmählich die Taucher ein, und die Mannschaft komplettiert sich. Ich trainiere langsam und schrittweise, um die Tiefe, die ich mir als Ziel gesetzt habe, zehn Tage vor dem Rekordversuch zu erreichen. In zehn Tagen lerne ich, diese Tiefe zu halten. Man muss bedenken, dass der Apnoist, der meist allein mit dem Meer und seiner Mannschaft ist, am Tag des Rekordversuchs plötzlich von einer riesigen Menschenmenge umringt ist, von Kampfrichtern, Kameramännern, Journalisten, Fotografen, der Mannschaft des Sicherungsschiffs, der Polizei, den Hubschraubern: Der Nervenstress ist enorm. Der größte Stressfaktor besteht aber darin, dass es keine zweite Chance gibt. Ein Apnoist kann nicht noch einmal von vorn anfangen, und das ist emotional schwer zu verkraften. Du fühlst dich deinen Sponsoren gegenüber verpflichtet sowie allen anderen Leuten, die dich unterstützt haben, der Mannschaft und allen, die auf die eine oder andere Weise den Rekordversuch mittragen, und du möchtest ihre Erwartungen keinesfalls enttäuschen. Und wenn du dir in dieser schwierigen Situation vor dem Start sagen kannst: »Was ich heute mache, habe ich schon sieben-, acht- oder zehnmal getan«, dann fühlst du dich selbstverständlich sehr viel sicherer.

Ich habe nie einen Rekord verfehlt. 19 Versuche, 19 Siege. Die Gründe für meinen Erfolg sind die gute Mannschaft, ein Training, das mir als Taucher alles abverlangt, regelmäßig und sich allmählich steigernd, nicht nur körperlich, sondern auch geistig.

Der Abschied vom Wettkampf

Mit einem Sieg aufzuhören, ist meiner Meinung nach die schönste, eleganteste Art des Abschieds, doch vielleicht auch die schwierigste.

Denn die Welt der Tauchwettkämpfe hat mir alles gegeben, und die Entscheidung, ihr den Rücken zu kehren, kostete mich große Überwindung. Aber eines Tages müsste ich ja sowieso von der Bühne abtreten, und da war es mir lieber, wenn ich mitten in meiner »Glanzzeit« aufhörte.

Ich spielte schon länger mit dem Gedanken, aus dem Wettkampfbetrieb auszusteigen. 1999 hielt ich den Rekord mit konstantem Gewicht (80 Meter) und im No-limit (150 Meter). Mir fehlte nur noch der Rekord mit variablem Gewicht, den ich in derselben Woche erringen wollte, aber wegen des schlechten Wetters auf später verschieben musste. Wenn ich die Möglichkeit gehabt hätte, 1999 alle drei Rekorde hintereinander aufzustellen, dann hätte ich danach sofort aufgehört. Es war eine schwierige Entscheidung, die ich mir nicht leicht gemacht habe. Ich wollte auf dem »Gipfel meiner Kunst« aufhören, im Besitz der Rekorde in allen drei Spezialdisziplinen. Die ersten Monate nach meinem Abschied waren hart, weil mir nicht verborgen blieb, dass ich noch mehr hätte erreichen können, und meine Freunde mich zum Weitermachen überreden wollten, aber ich gab ihrem Drängen nicht nach. Wenn man einen Sport auf Weltklasseniveau betrieben hat und plötzlich aufhört, vermisst man den Adrenalinschub, die Spannung, den Rekordstress, das Training und alles andere.

Das Leben erscheint dir plötzlich leer, vor allem, wenn du zwölf Jahre lang nur für das Tauchen gelebt hast. Mit dem Wettkampf verschwindet eine ganze Welt: Alle Menschen, die um dich waren, für dich da waren, sind nun fort. Natürlich bleiben dir deine Freunde erhalten, aber wo sind die Mannschaftskameraden, die unter Wasser gewartet haben, dass du kommst, die Sicherungstaucher, die wegen der Dekompression nicht gleichzeitig mit dir an die Oberfläche aufsteigen konnten, zu denen du wieder abgestiegen bist, um ihnen die Hand zu drücken, und mit denen du Blicke gewechselt hast, für die es keine Worte gibt? Diese unvergleichliche, herzerwärmende Aufmerksamkeit ist plötzlich fort.

Emotionen, die dir lange Jahre vertraut waren, fehlen dir nun, und dafür entdeckst du andere, die weniger angenehm sind. Wenn ich beispielsweise als Trainer junge Taucher bei einem Wettkampf begleite und an der Oberfläche auf sie warten muss, werde ich fast wahnsinnig: Ich weiß genau, was unter Wasser vorgeht, ich kenne meine Schüler, ich weiß, wie sie sich bewegen, wie sie reagieren, aber die beiden Minuten an der Oberfläche ziehen sich endlos hin, ich habe das Gefühl, dass sie Stunden dauern. Es gibt für mich nichts Quälenderes, als dass ich auf andere warten muss, nicht selbst der Handelnde bin, dass ich aushalten muss, auf die andere Seite übergewechselt zu sein. Ich glaube, Mayol hat diese Qual auch stark empfunden.

Aber alles im Leben hat seine Zeit. Es kommt die Zeit, da hast du das Bedürfnis, dein Leben zu verändern. Nach zwölf Jahren und 19 Rekorden merkte ich, dass mein Kampfgeist nachließ. Ich musste nichts mehr beweisen, weder mir noch anderen. Ich veränderte mich. Ich hatte keine Lust, mit 40 aufzuwachen und festzustellen, dass ich nichts anderes getan hatte im Leben, als einen Rekord nach dem anderen zu überbieten. Ich wünschte mir, dass das Meer nicht nur meine Leidenschaft, sondern auch meine Arbeit wurde. Ich brauchte Zeit, um über andere Projekte nachzudenken. Die Welt des Tauchsports hat mir großartige Perspektiven eröffnet: die Möglichkeit, am Meer zu leben, zu reisen, Sprachen zu lernen, die schönsten Erfahrungen zu machen, die man sich vorstellen kann. Ich habe mit dem Wettkampf aufgehört, um andere Dinge zu einem guten Ende zu bringen, die alle mit der Apnoe zu tun haben: Konferenzen, Filme, Schule, Training der Nachwuchstaucher. Es ist klar, dass mir manches nun fehlt: das Meer als Protagonist zu erleben, der Rausch der Rekorde, die starke Beziehung zu meiner Mannschaft. Trotzdem habe ich es vorgezogen, mit drei Siegen aufzuhören. Heute setze ich mich dafür ein, die Apnoe bekannt zu machen, allen, die es wünschen, entsprechende Tauchgelegenheiten zu verschaffen, ihnen einen Zugang zu ermöglichen, ebenjenen, den ich Mayol verdanke. Ich möchte vermitteln, dass die Apnoe nicht nur ein Sport ist, sondern eine bestimmte Art, sich auszudrücken, eine körperliche Ausdrucksweise, ein Unterwassertanz. Ich möchte anderen Tauchern helfen, für den Frieden, die Losgelöstheit der Tiefe Sensibilität zu entwickeln.

Inzwischen habe ich ein neues Gleichgewicht gefunden, und falls ich eines Tages doch noch den 100-Meter-Rekord mit konstantem Gewicht in Angriff nehmen sollte, dann werde ich es in einem Boot mit meinen Freunden tun, ohne Kampfrichter, ohne Fernsehen, ohne alles Offizielle. Dieser Rekord soll dann nur eine Begegnung mit den Menschen sein, die mir nahe stehen. Und wenn ich die Tiefe erreicht habe, werde ich ohne jegliches Aufsehen ins Boot zurückkehren und mit meinen Freunden Wein trinken und feiern.

Con il tuo tuffo
Ti dissolvi nell'acqua,
Ma origli anche
I segreti del mare.
Tu comprendi
La luce e l'ombra,
L'estasi ed il terrore,
La vita e la morte.
Tu che ora sei un bimbo
Che non teme più l'acqua,
Torna sempre da noi
– se puoi –
E lascia parlare i tuoi occhi,

Lascia che raccontino
Le memorie della tua anima
Trovate laggiu …
Sul fondo del mare

Alexa

Du tauchst
Und verschmilzt mit dem Wasser,
Aber du hörst auch
Die Geheimnisse des Meeres.
Du verstehst
Das Licht und den Schatten
Die Extase und den Schrecken
Das Leben und den Tod.
Kind, das kein Wasser
Mehr fürchtet,
Komm zu uns zurück
– wenn du kannst –
Und lass deine Augen sprechen,
Lass sie erzählen,
Die Erinnerungen deiner Seele,
Die du dort unten gefunden hast,
Tief unten am Grund des Meeres.

Alexa

Die Unterwasserwelt

Das Apnoetauchen ist eine einzigartige Möglichkeit, mit dem Meer zu verschmelzen, geräuschlos seinen Myriaden von Geschöpfen zu begegnen. An einer Korallenbank entlang absteigen und erleben, wie die Sonnenstrahlen durch die Äste sickern, die bunten Sträuße von Lederkorallen, Schwämmen, riesigen Hornkorallen bewundern. Der Musik des Meeres lauschen, mit tausenden Metern Wasser unter sich, die Muster betrachten, die das Sonnenlicht ins Blau zaubert und die dich immer weiter in die Tiefe hinunterlocken.

Nach und nach wirst du mit den Meeresbewohnern vertraut – Schildkröten, Delfinen, Mantarochen, Barracudas, Muränen, Zackenbarschen, Haien –, und manchmal ereilt dich sogar das Glück, Freunde zu gewinnen.

Ein Delfin namens Jojo

Jojo ist ein Delfin im Turks- und Caicos-Archipel, einem großen Korallenriff, dessen türkisblaue Gewässer eine einzigartige Zuflucht für die Unterwassergeschöpfe darstellen. Jojo ist ein wilder Delfin, hat aber zweifellos Kontakte mit Menschen gehabt. Vielleicht ist er aus einem amerikanischen Militärstützpunkt entkommen. Er ist einer der Delfine, die man »Ambassador« (Botschafter) nennt, weil sie die Gegenwart des Menschen zu suchen scheinen. Jojo ist ein Einzelgänger, während Delfine normalerweise in der Gruppe leben, und er gehört zur Gattung der Tursiops, der großen Tümmler, die wegen der Form ihrer Schnauze auch Flaschennasendelfine genannt werden. Es sind Waltiere unterschiedlicher Farben, die von

Graugrün bis Graublau variieren können, und mit einer ausgeprägten Rückenflosse.

1991 war ich zum Trainieren zu diesem traumhaft schönen Archipel gekommen und begegnete dort einem Kalifornier, Dean Bernal, der auf der Insel Providenciales lebte und besagten Delfin schon gut kannte. Bis dahin war ich noch nie einem Delfin begegnet, und Dean schlug mir vor, mit Jojo zu tauchen. Ich zögerte keinen Augenblick. Wir fuhren in seinem Boot aufs Meer, jenseits der Korallenbarriere, die sich parallel zur Küste erstreckt, ungefähr eine Meile vom Ufer entfernt. Dean ließ die Ankerkette ins Wasser gleiten und schwenkte sie herum. Ein paar Sekunden später, vermutlich wegen des Kettengeräuschs, kam Jojos Rückenflosse in Sicht, und der Delfin näherte sich unserem kleinen Boot. Ich war beeindruckt, ich wusste nicht, was ich tun, wie ich mich verhalten sollte. Dean sagte zu mir: »Du brauchst keine Angst zu haben, absolviere dein Training wie sonst auch, und tu einfach so, als ob du ihn gar nicht sehen würdest.« Ich werde diese Worte nie vergessen. Ich machte mehrere tiefe Tauchgänge. Anfangs beobachtete Jojo mich mit einer gewissen Neugier. Er kam näher, sobald ich aber den Kopf zu ihm umwandte und ihn anschauen wollte, entfernte er sich wieder mit mächtigen Schlägen seiner Rückenflosse. Kurz darauf kam er zurück, verschwand aber erneut. Ich trainierte am nächsten Morgen an derselben Stelle, genau wie an den folgenden Tagen, und er blieb allmählich jedes Mal etwas länger an meiner Seite und wandte nicht mehr sofort den Kopf ab, wenn ich ihn anschaute. Mir war klar, dass ich behutsam tauchen musste, ohne abrupte Bewegungen auf den Grund absteigen, mich geschmeidig bewegen, wenn ich sein Vertrauen gewinnen wollte. Und nach und nach gelang mir das auch. Dean reiste ab, weil er anderswo zu tun hatte, und langsam entwickelte sich eine tiefe Freundschaft zwischen Jojo und mir.

Ich traf mich jeden Tag auf der anderen Seite der Korallenbank mit ihm. Ich nützte die Gelegenheit zum Trainieren, und wir machten wunderbare Tauchgänge in die Tiefe. Manchmal schwammen wir zusammen. Schwimmen kommt mir oft langweilig vor, aber mit dem Delfin war es natürlich etwas ganz anderes! Die Zeit verging nicht, sie flog nur so dahin. Jojo spielte mit mir, wie Delfine es oft tun, wenn sie dem Kielwasser eines Schiffes folgen: Er sprang vor mir, neben mir, er streifte an mir vorbei, doch ohne mich zu berühren. Ich musste noch einige Zeit warten, ehe er sich von mir streicheln ließ. Die Haut eines Delfins fasst sich an wie Mozzarella, so weich ist sie!

Eines Morgens schwamm Jojo zwischen der Korallenbarriere und dem Strand. Ich joggte wie jeden Tag um sechs Uhr am Strand entlang, bevor es zu heiß wurde und zu viele Leute herumliefen – das gehörte zu meinem Training. Als ich ihn entdeckte, stürzte ich mich ins Wasser und spielte einen Augenblick mit ihm. Dann schwamm ich zum Strand zurück und joggte weiter. Jojo begleitete mich auf der ganzen Strecke, indem er neben mir her schwamm. Als ich am nächsten Morgen an den Strand kam, wartete er bereits auf mich, und von da an joggte ich jeden Morgen um sechs auf dem nassen Sand, während Jojo ein paar Meter von mir entfernt nebenherschwamm. Dann ging ich zu ihm ins Wasser, und wir vergnügten uns mit allen möglichen Spielen. Es waren zwei wundervolle Monate.

Jojo erwies sich bald als recht besitzergreifend mir gegenüber. Eines Tages, als wir auf der anderen Seite des Korallenriffs waren, näherte sich ein Hai. Jojo verscheuchte ihn sofort mit großen Flossenschlägen. Er war sehr eifersüchtig. Ein anderes Mal wollte ich mich einer großen Schildkröte nähern und einen Augenblick mit ihr schwimmen, aber der Delfin stieß sie mit seiner Schnauze weg. Wenn ein großer Fisch in meine Nähe kam, reagierte er genauso.

Dann kam er zu mir, schaute mich triumphierend an, drehte sich auf den Bauch und wartete darauf, dass ich ihn streichelte!

Eines Nachmittags, als ich mit ihm in der Nähe des Korallenriffs schwamm und ab und zu einen Tauchgang einlegte, nur so zum Vergnügen, sah ich, wie zwei Langusten ihre Fühler aus einem Felsloch herausstreckten. Ich packte eine, brach sie in der Mitte durch und bot ihm die Hälfte an, obwohl Dean mir dringend abgeraten hatte, ihn zu füttern, sofern ich Wert darauf legte, dass unsere Beziehung uneigennützig und rein freundschaftlich blieb. Er hatte Recht gehabt. Den ganzen restlichen Nachmittag und auch am nächsten Tag zeigte mir der Delfin mit einer Kopfbewegung oder indem er mich mit der Schnauze berührte, die Risse und Spalten in den Felsen, in denen die Langusten sich versteckten, damit ich sie fangen und ihm geben sollte! Er hatte nichts anderes mehr im Sinn. Die Intelligenz, die Gerissenheit eines Delfins ist phänomenal!

Jojo spielte immer mit einem Hund namens Tuffy auf der Insel Pine Cay. Ich schwamm oft mit ihm hinüber. Tuffy, ein prachtvoller Hund, wartete bereits am Strand auf seinen Spielkameraden Jojo, und sobald er uns kommen sah, stürzte er sich ins Wasser und tobte mit uns. Die beiden waren unbeschreiblich! Jojo, der im Wasser verständlicherweise der Überlegene war, hob Tuffy sachte mit seiner Schnauze hoch und wirbelte ihn ein paar Mal in der Luft herum, bevor er ihn wieder ins Wasser fallen ließ. Tuffy ging sofort zum Gegenangriff über und schnappte nach seiner Rückenflosse. Jojo und Tuffy kannten sich schon lange, als ich das erste Mal mit Jojo an den Strand kam, aber Tuffy akzeptierte mich sofort und ließ mich an ihren Spielen teilnehmen. Ich war glücklich mit den beiden, in der paradiesischen Landschaft. Ich war einfach ein Teil der Natur.

Am letzten Tag meines Aufenthalts auf dem Turks- und Caicos-Archipel fuhr ich in meinem kleinen Boot aufs Meer hinaus, auf die andere Seite der Korallenbank. Wie jeden Morgen tauchte Jojo auf, und ich trainierte wie immer, aber ich war traurig: Ich musste abreisen, nachdem ich zwei unvergessliche Monate mit dem Delfin verbracht hatte. Ich stieg an die Oberfläche auf, und als er mich umkreiste, redete ich mit ihm. Er verhielt sich merkwürdig, als ob er begriffen hätte, dass ich traurig war, dass meine Stimmung nicht die gleiche war wie an den vorangegangenen Tagen. Er benahm sich, wie ich es noch nie bei ihm erlebt hatte. Und als ich zu meinem Boot schwamm, um zum Strand zurückzukehren, umkreiste er mich und drängte mich mit dem Rücken und mit dem Bauch vom Boot weg, als ob er begriffen hätte, dass ich verschwinden würde, sobald ich meinen Fuß hineinsetzte, und dass er mich dann nie wiedersehen würde. Ich werde die Zeit mit Jojo nie vergessen, es ist eine der schönsten Erinnerungen meines Lebens.

Ich trainierte noch dreimal auf dem Archipel. Das erste Mal fand ich Jojo wieder, und wir tauchten ein paar Wochen lang zusammen. Aber dann wurde es immer schwieriger, ihn anzutreffen. Früher war er hinter die Korallenbank gekommen, die vor dem großen Strand von Providenciales liegt, aber die Inseln sind heutzutage von vielen Touristen bevölkert, so dass er ständig gestört wird. Obwohl der Archipel als Naturschutzgebiet ausgewiesen ist, wurde Jojo mehrfach von Schiffsschrauben verletzt, und zwar schwer. Dean Bernal setzte sich dafür ein, dass Jojo als »Nationalerbe« anerkannt wurde, um ihn auf diese Weise zu schützen. Anscheinend taucht er manchmal vor der Grand-Turk-Insel auf, die auch zum Archipel gehört. Der Touristenrummel, der Wasserskizirkus und die vielen Motorboote haben ihn verscheucht, so dass er viel häufiger als früher seinen Standort wechselt und weiter von der Küste entfernt schwimmt. Jojo war der erste Delfin, mit dem ich mich angefreundet habe, und ich hoffe, dass wir uns eines Tages wieder begegnen werden.

Durch Jojo habe ich das Inuit-Sprichwort, das Mayol oft zitierte, in seiner ganzen Tragweite verstehen gelernt: »Wenn du dein Land verlässt, musst du dein Herz und deine Frau mitnehmen, aber deine Waffen und deine Gesetze hinter dir lassen.« Und Jacques hatte noch hinzugefügt: »Und wenn du ins Wasser hinuntertauchst, musst du die Gesetze vergessen, denen die menschliche Natur unterworfen ist, und die Gesetze des Meeres akzeptieren. Und niemand kann dir diese neuen Gesetze besser beibringen als ein Delfin. Denn der Delfin muss zum Atmen an die Oberfläche kommen, so wie du.«

Das Lächeln des Delfins

Später hatte ich andere Kontakte mit wilden Delfinen der Stenella-Familie, der Fleckendelfine, wie sie wegen ihrer getüpfelten Haut genannt werden. Sie sind etwas kleiner als die Tursiops, aber verspielter, witziger, von einer erstaunlichen Wendigkeit. Ich bin ihnen im Norden der Bahamas begegnet, in einer Meereszone, die sich Little Bahama Bank nennt. An jenem Tag war ich mit Freunden in einem Boot vom West-Point-Hafen auf der Insel Long Island hinausgefahren. Nach sieben Stunden Fahrt kamen wir an einen märchenhaften Ort. Wir waren die ganze Zeit über große Tiefen gefahren, aber jetzt wurde das Meer plötzlich flacher – bestenfalls zehn Meter tief – und ließ eine Sandebene von blendendem Weiß erkennen. Unter der Sonne und dem Flirren des Wassers reflektierten kleine Sanddünen am Meeresgrund das Licht. Es war eine Traumlandschaft. Mitten im Ozean, weit und breit keine Insel am Horizont, außer einem winzigen Eiland von ungefähr 20 Quadratmetern, einer mit Wüstensand bedeckten Landzunge, Sandy Key. Hier leben Fleckendelfine. Wenn sie ein Boot hören, was selten vorkommt, denn es ist ein sehr abgelegener Ort, folgen sie ihm in seinem Kielwasser. Nach zehn Minuten stellt man den Motor ab, taucht unter Wasser und kann stundenlang mit ihnen spielen. Es sind völlig wilde Delfine, die in der Gruppe leben. Am Anfang verhalten sie sich scheu, ein wenig misstrauisch, sie beobachten den Eindringling, sie lassen sich Zeit, bis sie allmählich auftauen und mit ihm spielen. Wenn man taucht und mitten in einen Schwarm hineinschwimmt, stieben die Tiere schnell davon, wenn man jedoch einem einzigen Delfin folgt, wird er langsamer und lässt sich begleiten. Das Merkwürdigste ist, wenn du plötzlich entdeckst, dass dir die anderen Delfine folgen und im Gänsemarsch hinterherschwimmen. Ich erinnere mich besonders gut an ein Weibchen und sein Junges. Der junge Delfin, der sehr neugierig und verspielt war, kam unbekümmert näher, aber seine Mutter drängte ihn jedes Mal von mir weg. Der Kleine näherte sich immer wieder, und immer wieder schob sie ihn weg. Als sie in meine Nähe kam, kraulte ich sie kurz entschlossen unter der Schnauze. Das schien ihr zu gefallen, denn von nun an kam sie mit ihrem Jungen zurück, um sich streicheln zu lassen. Ich blieb eine ganze Weile mit den beiden zusammen, während die anderen Delfine herankamen und zuschauten, dann wieder fortschwammen und um uns herum spielten.

Ich habe hier wunderschöne Stunden verlebt. Das Meer ist ziemlich flach und der Grund in sechs bis sieben Meter Tiefe mit blendend weißem Sand bedeckt. Du kannst dich auf dem Sand ausstrecken, im Wasser bewegen und zusehen, wie die Delfine in atemberaubenden senkrechten Sprünge emporschnellen, dann zurückkommen, an dir vorbeistreichen und schnell wieder davonstieben. Ihre »Runs« bilden regelrechte Muster im Raum, ihre Spiele sind ein wahres Feuerwerk.

Einmal saß ein kleiner Junge von den Bahamas bei uns im Boot. Dieser Junge, ungefähr zehn Jahre alt, hatte so viel Spaß mit den Delfinen, dass er gar nicht mehr aus dem Wasser herauswollte. Die Dämmerung zog bereits auf, und wir mussten eine Insel anfahren, auf der wir übernachten konnten. Der Vater des Jungen wurde böse, und der Kleine musste ins Boot zurückklettern. Er war traurig und enttäuscht, und ich ging zu ihm und unterhielt mich mit ihm. Ich fragte ihn, warum er die Delfine so liebte.

»Weil sie mich immer so anschauen und lächeln, wenn ich unter Wasser bin«, antwortete er.

»Sie lächeln, sagst du?«

»Ja, alle Delfine lächeln, wenn du genau hinschaust. Und weißt du, warum?«

»Warum?«

Und da erzählte er mir eine alte Legende von den Bahamas: Als Gott die Erde und das Meer geschaffen hatte, wollte er sie mit Geschöpfen bevölkern. Erst schuf er die Meerestiere und gab ihnen unterschiedliche Formen und Farben. Den Delfin hatte er sich bis zum Schluss aufgehoben. Und als er ihm eine Farbe geben wollte, merkte er, dass er keine mehr übrig hatte. Um diese Ungerechtigkeit wieder gutzumachen, schenkte er dem Delfin als Einzigem unter den Meeresbewohnern die Fähigkeit zu lächeln.

Wenn ich jetzt einen Delfin im Wasser sehe, mit seinem seltsamen, belustigten Gesichtsausdruck, dann denke ich immer an die Geschichte, die mir der kleine Junge von den Bahamas erzählt hat.

Manche Kinder können eine sehr intensive Beziehung zu Delfinen entwickeln. Ich erinnere mich an einen Aufenthalt in Spanien, wo ich Tauchkurse für Kinder von sechs bis zehn Jahren gab. Diese Kurse sollten vor allem Spaß machen und waren nicht dazu bestimmt, den Kindern Tauchtechniken beizubringen. Am Anfang ließ ich sie ihren Tauchanzug ohne Gürtel anziehen. Sie trieben also an der Oberfläche und hatten große Mühe, unter Wasser zu kommen, sie stießen mit den Beinen, aber ohne viel Erfolg. Dann sagte ich ihnen, dass sie den Anzug weglassen sollten: Als sie von dem Hindernis befreit waren, das der Anzug für sie darstellte, tauchten sie wie die Fische unter Wasser. Ich gab ihnen keinen Schnorchel, wenn ich mit ihnen hinaus aufs Meer fuhr. Sie steckten dann den Kopf unter Wasser und waren so fasziniert von allem, was sie dort sahen – Seesterne, kleine Polypen und vieles andere Getier –, dass sie nur den Kopf drehten, wenn sie an der Grenze zur Apnoe waren, rasch atmeten und dann den Kopf wieder unter Wasser steckten. Die Neugier, die Entdeckerfreude triumphierten beinahe über das Bedürfnis zu atmen. Sie praktizierten Apnoetauchen, ohne sich dessen bewusst zu sein, und fanden so einen natürlichen Zugang, der mit dem Schnorchel nicht möglich gewesen wäre.

Am letzten Tag nahm ich sie in eine geschlossene Bucht mit, in der ein Delfin in Gefangenschaft lebte. Ich bin absolut dagegen, Delfine in ein Delfinarium oder andere Bassins zu sperren, und ich erinnere mich nicht gern an einen Delfin in Gefangenschaft, aber hier geschah etwas Erschütterndes. Unter den Kindern war ein kleiner, taubstummer belgischer Junge, der sich ziemlich ungewöhnlich verhielt, als er ins Wasser getaucht war. Man hätte meinen können, dass er sich mühelos mit dem Delfin verständigte.

Obwohl sich ein gutes Dutzend Kinder im Wasser befanden, schwamm der Delfin zielsicher auf den taubstummen Jungen zu. Der kleine Junge und der Delfin verstanden sich auf Anhieb. Es war, als ob die anderen nicht existierten, als ob die beiden allein auf der Welt wären. Der taubstumme Junge stieß vermutlich unter Wasser nicht an dieselben Grenzen wie ein anderer: Unter Wasser redet man nicht, man muss nicht zuhören, sich nicht erklären, sondern einfach nur bewegen. Die Sprachbarriere, die ihm auf der Erde zu schaffen machte, war weggefallen. Er war sofort in seinem Element, im Gegensatz zu den anderen Kindern, die sich von der Stille unter Wasser ein wenig verunsichern ließen, von der Tatsache, dass man sich mit Gesten verständigen musste. Der Delfin fühlte sich sofort von dem taubstummen Jungen angezogen, und es war ein schöner Anblick, wie sie miteinander schwammen und spielten.

Delfine strahlen etwas Besonderes aus. Es gibt zum Beispiel eine Delfintherapie für autistische Kinder. Wenn die Kinder im Wasser mit Delfinen zusammengebracht werden, kann man feststellen, dass sie ein paar Augenblicke lang mit der Realität in Kontakt treten. Sobald der Delfin sich nähert, blinzeln die Kinder mit den Augen, wie um diesen intensiven Moment festzuhalten, in dem ein anderes Wesen zu ihrer Sensibilität, ihren Gefühlen durchzudringen vermochte. Diese Meeressäuger, die uns so nahe, so intelligent sind, besitzen die Fähigkeit, mit menschlichen Wesen in Kontakt zu treten, und das in Situationen, in denen der Mensch selbst keinen Zugang findet, so wie im Fall der autistischen Kinder. Delfine können Türen öffnen, die sonst geschlossen bleiben würden.

Ich möchte nicht mit einem Delfinarium arbeiten, das ist einfach zu traurig: Man braucht sich nur vor Augen zu halten, dass ein Delfin in Gefangenschaft schon nach etwa zehn Jahren stirbt, während er in Freiheit bis zu 50 Jahre alt werden kann. Aber irgendwann möchte ich der Frage nachgehen, ob es möglich wäre, einen Meeresarm abzusperren, in dem die Delfine direkt in ihrem Element leben würden, wenn auch in einem geschlossenen Bereich, und wo man autistische Kinder mit ihnen zusammenbringen könnte oder Menschen mit schweren psychischen Störungen, um sie zu heilen oder zumindest ihren Zustand zu bessern. Das ist ein Projekt, das mir am Herzen liegt, genauso wie der Kampf gegen das Abschlachten der Delfine.

Manche Meeressäuger, vor allem Wale und große Delfine, werden in bestimmten Regionen wegen ihres Fleisches gejagt. Delfine sind zudem stark von den Geräuschen beeinträchtigt, die die Sonargeräte der Schiffe abgeben und die sie daran hindern, sich ungestört zu bewegen, Nahrung zu finden und miteinander zu kommunizieren. Manchmal stranden sie zu Dutzenden, was verschiedene Gründe hat, insbesondere die Störung ihres Echoortungssystems oder weil eines der Tiere, das verletzt, geschwächt oder aus der Gruppe ausgeschlossen ist, an die Küste getrieben wird und seine Hilfeschreie den Rest der Gruppe anlocken, die dann vom gleichen Schicksal ereilt wird. Aber viel schlimmer noch ist die Tatsache, dass alle Delfine durch den industriellen Fischfang gefährdet sind und zu Tausenden in den Schleppnetzen der Tunfischkutter verenden. Außerdem werden zu viele Delfine gefangen und in diverse Aquarien und Delfinarien und Vergnügungsparkbassins eingesperrt, wo sie für Delfinshows dressiert werden. Die Bedingungen, unter denen sie dort gehalten werden, sind manchmal katastrophal, manchmal korrekt, aber auf jeden Fall verlieren sie ihre Freiheit, ihre Fröhlichkeit – auch wenn es so aussieht, als ob sie lächeln – und oft auch ihr Leben. So wie es beinahe Stefania ergangen wäre, einem Delfinweibchen der Gattung Tursiops Truncatus.

Stefanias Geschichte

Stefania war 1997 zwölf Jahre alt. Sie lebte in Kolumbien in dem kleinen Delfinarium von San Andres, einer Insel, die 1.500 Kilometer nördlich von Bogotá in der Karibik liegt. Das Delfinarium war ein rundes Becken von etwa zehn Meter Durchmesser und anderthalb Meter Tiefe, gefüllt mit schmutzigem Wasser. Das Bassin war so klein, dass Stefania immer im Kreis schwimmen musste und ihre Rückenflosse sich nicht aufrecht halten konnte und wie umgebogen war. Ich war gebeten worden, an einer Dokumentationsserie von sechs Episoden für die Produktionsfirma *Telemach nature* teilzunehmen, die die Filme anschließend an viele Länder, unter anderem Deutschland, Japan, Großbritannien, die Vereinigten Staaten und Frankreich, weiterverkaufte. In Frankreich wurde die Serie 1999 im Rahmen der Sendung *Die blaue Odyssee* ausgestrahlt. Das Konzept der Serie bestand darin, Dokumentarfilme über das Meer, die Erde, die Fauna und Flora zu drehen, die lebendiger, weniger akademisch als die üblichen Naturfilme sein sollten, indem sie eine Geschichte erzählten. In diesem Fall die Geschichte eines Delfins, der wieder in die Freiheit gesetzt werden und den ich auf seinem Weg begleiten sollte.

Stefania – oder Estefania auf Spanisch – war mit erst sechs Monaten gefangen und in das Delfinarium gebracht worden, aus dem sie nie mehr herausgekommen war.

Das Team, das den Delfin in die Freiheit zurückführen sollte, setzte sich folgendermaßen zusammen: Cyril Hue und Olivier Van Canneyt, zwei französische Tierärzte vom Meeressäuger-Forschungszentrum in La Rochelle. Cyril Hue betreute auch eine Robbenstation, die jedes Jahr verwaiste graue Seehundbabys aufnahm, die an der Atlantikküste gestrandet waren. Dann ein Amerikaner namens Ric O'Barry, der die Befreiungsaktion leitete. Ric hatte sich jahrelang mit Delfinen in Gefangenschaft befasst. Er hatte früher Delfinshows organisiert und den Delfin Flipper aus der berühmten Serie der 1960er-Jahre dressiert, die in den 1980er-Jahren um eine neue Staffel erweitert wurde. Dann hatte Ric seine Einstellung radikal geändert und sich in ein Projekt gestürzt, das genau das Gegenteil von allem war, was er bisher unternommen hatte. Er reiste durch die ganze Welt, um gefangene Delfine aufzuspüren und zu befreien. Das kann jedoch sehr problematisch sein, denn oft werden Delfine so abhängig vom Menschen, dass sie ihre wilde Natur vergessen. Manche seiner Rettungsaktionen gingen zwar gut aus, aber andere endeten mit einem Misserfolg. Schließlich kam ich noch als Vierter im Team hinzu, obwohl ich weder Dokumentarfilmer noch Biologe, noch Zoologe war. Meine Aufgabe bestand darin, neben Stefania herzuschwimmen, sobald sie ihr Bassin verlassen würde. Ich sollte so lange wie möglich neben ihr im Wasser bleiben, um ihr Verhalten zu begreifen, Veränderungen zu beobachten, herauszufinden, wie sie sich ernährte, ihr zu helfen, das Trauma zu überwinden, das es für sie bedeutete, aus ihrem engen Becken in die grenzenlose Weite des Ozeans einzutauchen.

So kamen wir alle auf der Insel San Andres zusammen. Der ursprüngliche Plan bestand darin, den Delfin in einem Boot zu einer anderen Insel zu bringen, die ungefähr 50 Meilen südöstlich von San Andres in Albuquerque lag. Dort wollten wir einen Bereich abgrenzen, Stefania hineinsetzen und ganz behutsam unsere Befreiungsaktion starten. Eine Aktion, die laut Ric sieben bis neun Monate dauern konnte, wenn sie erfolgreich war.

Als wir aber endlich vor Stefanias Bassin standen, erkannten wir, dass es nicht mehr darum ging, den Delfin zu befreien, sondern vor dem Tod zu erretten. Zwei Wochen zuvor waren zwei Delfine – Chico und Lady –, die mit Stefania in dem Delfinarium lebten, an einer Infektion eingegangen. Seither verweigerte Stefania vor Kummer die Nahrung und siechte langsam dahin. Der Anblick, der sich uns bot, war erschütternd: In einem kleinen Zementbecken, das mit schmutzigem Wasser gefüllt war, trieb der Delfin reglos an der Oberfläche. Er fraß seit 14 Tagen nicht mehr, hatte über 60 Kilo verloren, seine Knochen zeichneten sich unter der Haut ab, und sein Kopf hatte die Form einer Erdnuss, ein sehr schlechtes Zeichen. Was wir vor uns sahen, war ein sterbender Delfin.

Stefania öffnete den Mund nicht mehr, die Augen nicht mehr, die vom grauen Star befallen waren. Sie litt an einer Candidose (Pilzerkrankung) mit sekundären Suprainfektionen. Ihre Haut war völlig von der Sonne verbrannt, denn sie trieb nur noch oben und konnte nicht mehr unter Wasser tauchen. Das Becken hatte keinerlei Schutzdach, das die Sonnenstrahlen abhielt. Die Haut ist das empfindlichste Organ eines Delfins, und Stefanias Haut war von Verbrennungen und Pilzbefall verunstaltet. Außerdem war Stefania völlig ausgetrocknet, denn Delfine nehmen das Süßwasser, das sie benötigen, mit ihrer Nahrung auf, mit den Fischen, die sie fressen.

Stefania würde an Austrocknung sterben, wenn sie weiter die Nahrung verweigerte. Als Ric sie sah, rief er entsetzt: »Von Befreien kann hier keine Rede sein, wir müssen froh sein, wenn wir den Delfin noch vor dem Tode retten können.« Ric und die Tierärzte befürchteten, dass Stefania vielleicht nur noch zwei Tage zu leben hatte.

Wir bauten als Erstes ein Dach, um Stefania vor der Sonne zu schützen. Eric und Olivier wollten den Delfin sofort behandeln, aber Stefania nahm nichts an, sie wollte sterben. Die beiden Tierärzte versuchten ihr Flüssigkeit oral oder mit Hilfe von Injektionen zu verabreichen, aber vergeblich: Stefania verweigerte jede Nahrung und jedes Medikament. Schließlich kam der Direktor des Horrordelfinariums auf die Idee, eine junge Schweizerin namens Veronica Duport zu Hilfe zu rufen, die sich fünf Jahre lang um Stefania gekümmert hatte und sehr vertraut mit ihr gewesen war. Bevor sie nach Europa zurückgekehrt war, hatte Veronica ihrem Direktor angedroht: »Du wirst sehen, eines Tages komme ich zurück und befreie Stefania.«

Ein Anruf genügte: Zwei Tage später traf Veronica bei uns in San Andres ein. Als sie am Beckenrand stand und den Delfin in dem Zustand sah, brach sie in Tränen aus. Sie hatte noch ihre Koffer in der Hand, stellte sie ab und sprang voll bekleidet ins Wasser, drückte Stefania an sich und fing an, mit ihr zu reden und sie zu streicheln. Es war eine unglaubliche Szene: Stefania, die seit vielen Tagen und Nächten ihre Augen hartnäckig geschlossen gehalten hatte, öffnete sie plötzlich, als Veronica mit ihr redete. Stefania erkannte die Stimme ihrer Freundin wieder, sie spürte wahrscheinlich, dass sie jetzt nicht mehr allein auf der Welt war, nahm die Zuneigung wahr, die sie umgab, und nach und nach, ganz langsam, ging es ihr besser.

Die Medikamente konnten ihr endlich verabreicht werden und zeigten allmählich Wirkung, wozu sicherlich Veronicas Anwesenheit beitrug. Stefania akzeptierte nach und nach den Brei aus Fisch und Wasser, der ihr mit einer Spritze in den Mund gegeben wurde, um vor allem die Austrocknung zu verhindern. Um ihr Zucker zuzuführen, wurde das Wasser durch *Gatorade* ersetzt, einen Energiedrink, der eigentlich für Sportler bestimmt ist. Die Tierärzte nahmen ihr jeden Tag Blut ab und kontrollierten, wie weit die Infektionen abgeklungen waren. Sie mischten auch Medikamente unter den Fischbrei. Wir überwachten Stefania Tag und Nacht. Aber Stefania hatte nicht einmal mehr die Kraft, sich richtig treiben zu lassen. Sie stützte ihren Schwanz auf dem Beckengrund auf, damit ihr Rücken an der Oberfläche blieb und sie so atmen konnte.

Die Blutanalysen zeigten jedoch, dass ihr Zustand sich langsam besserte. Das Wasser des Bassins war gewechselt worden, aber das Schwimmbecken wurde dadurch nicht größer, und wir waren überzeugt, dass sie nur gesund werden konnte, wenn wir sie in ihr natürliches Element zurückbringen würden: ins Meer.

Leider war sie noch zu krank, um die Reise zu überstehen, und so warteten wir mehrere Wochen lang, bis sie wieder zu Kräften kam. Endlich war es so weit. Mit der Unterstützung der kolumbianischen Militärbasis, die sich auf der Insel befand, hievten wir Stefania auf eine Spezialtrage, dann transportierten wir sie zu dem Militärlastwagen, der uns zum Hafen brachte. Dort wartete ein Schiff auf uns, die *Caracol*, auf der ein kleines Bassin mit zehn Zentimeter Wasser hergerichtet worden war, in das wir den Delfin unter tausend Vorsichtsmaßnahmen mit Hilfe einer Rutsche hineinbeförderten.

Stefanias Haut war dick mit Lanolin und Feuchtigkeitscreme bedeckt worden, um jeder Austrocknung und daraus resultierenden Infektionen vorzubeugen. Sie war ganz weiß, man sah nur noch ihre großen, ängstlichen Augen, die aufmerksam beobachteten, was um sie herum vorging. Veronica ging mit ihrem Schützling in das Becken und befeuchtete sie die ganze Reise über mit einem in Wasser getauchten Schwamm, damit sie nicht austrocknete.

Die Reise sollte sieben bis acht Stunden dauern, aber sie konnte für einen nach wie vor geschwächten Delfin tödlich sein. Schließlich kamen wir in Albuquerque an, einer kleinen, fast kreisförmigen kolumbianischen Insel von ungefähr 100 bis 150 Meter Durchmesser, die nicht weit von der Küste Nicaraguas entfernt liegt. Es gab weder Süßwasser noch Elektrizität: ein paradiesischer Ort, mit weißen Sandstränden, Palmen und Mangroven, einzig von vier Soldaten bewohnt, die alle zwei oder drei Wochen abgelöst wurden. Ric hatte diesen einsamen Ort ausgesucht, um zu verhindern, dass der abgesperrte Bereich eine Attraktion für Neugierige wurde und die Leute mit dem Delfin baden wollten. Am Abend mussten wir Petroleumlampen anzünden, das Süßwasser kam mit dem Boot, es war eine richtige Robinson-Crusoe-Idylle. Im Süden der kleinen Insel, gegen die Korallenbank hin, war ein 40 mal 40 Meter großes Gehege errichtet worden, in dem Stefania die erste Phase ihrer Freilassung verbringen sollte: Der Sand fiel in einem sanften Hang ins Meer ab, das bis zu drei Meter tief war.

Behutsam wurde Stefania aus dem Boot gehoben und in ihr Gehege gesetzt. Die Szene war sehr bewegend: Zum ersten Mal seit zwölf Jahren kehrte der Delfin in sein Element zurück, das Meer. Leider zeigte sich sofort, dass Stefania nicht mehr wie ein Delfin reagierte. Sie war es gewöhnt, dass sich die Wellen, die ihr Echoortungssinn aussandte, an der Wand des Schwimmbeckens brachen und zu ihr zurückkehrten. Hier dagegen trafen die Wellen, die sie aussandte, auf keinerlei Hindernis, und Stefania begriff nicht, wo sie sich befand. Die Echoortung ist ein Sinn, den der Delfin besitzt und der ihn befähigt, seine Umgebung mit Hilfe von Wellen wahrzunehmen. Die Betonwände des Wasserbeckens schicken dem Tier in Gefangenschaft das Signal sofort zurück und hindern es zu reagieren. Im Übrigen ist dieser Sinn, der dem Delfin beim Jagen und Navigieren hilft, in einem Delfinarium nutzlos, wo er von Menschen gefüttert wird und keine großen Strecken zurücklegt. Hinzu kam, dass Stefania ihr Gleichgewicht nicht wiederfand, denn sie musste zum ersten Mal gegen die Wellen und die Strömung ankämpfen. Unbeholfen schwamm sie zum Ufer zurück und legte sich in den Sand. Ihre Muskeln waren völlig verkümmert, sie war nie richtig geschwommen und hatte nur sehr wenige Bewegungen in ihrem Leben vollführt, da sie ja gezwungen war, in ihrem kleinen Bassin im Kreis zu schwimmen. Sie war völlig orientierungslos. Ric und ich halfen ihr, ins offene Meer hinauszuschwimmen, aber sie kam zurück. Wir gaben nicht nach und versuchten es immer wieder. Veronica, die lange davon geträumt hatte, Stefania wieder im Ozean zu sehen, war deprimiert. Ich blieb zwölf Stunden im Wasser, um Stefania zu beruhigen und so weit wie möglich vom Sand fern zu halten. Ihr einziger Bezugspunkt war der Mensch, und das wusste sie. Sie spürte, dass sie völlig abhängig vom Menschen war.

Ich blieb jeden Tag stundenlang mit ihr zusammen. Sie hatte das Meer nie gesehen, alles war neu und verwirrend für sie, der Sand, die Korallen, die fast unsichtbare Grenze um ihren Schutzbereich, die das Netz für sie darstellte, da es ihr kein Signal zurücksandte. Ihre Rückenflosse war verkümmert, für die normalen Bewegungen eines Delfins hatte sie nicht mehr die nötigen Muskeln. Wir mussten ihr alles neu beibringen. Und so begann eine sehr kritische Phase. Ich blieb den ganzen Tag mit Stefania im Wasser. Anfangs wartete sie auf mich, wenn ich frühmorgens zu ihr kam. Sie näherte sich, ließ sich streicheln, folgte mir, wenn ich schwamm, und vor allem, wenn ich tauchte, dann fraß sie die Fische, die ich ihr gab.

Ric hatte die Befreiungsaktion in drei Phasen unterteilt: In der ersten mussten wir Stefania daran gewöhnen, tote, aber nicht tiefgekühlte Sardinen zu fressen, während sie ihr ganzes Leben lang mit tiefgekühlten Sardinen gefüttert worden war. Das ist keineswegs so nebensächlich, wie es sich anhört, denn Stefania litt unter dieser Veränderung und verweigerte in der ersten Zeit jede nicht tiefgekühlte Sardine. In der zweiten Phase mussten wir sie dazu bringen, tote Fische zu fressen, so wie vorher, aber nicht mehr nur Sardinen, sondern alle Fische, die sie hier im Meer finden würde, wenn sie erst in Freiheit war. Vorläufig lieferten wir ihr noch die Fische, aber sie musste sich daran gewöhnen, alles zu fressen, was Delfine normalerweise fressen. In der dritten Phase schließlich musste sie lernen, sich die Nahrung selbst zu beschaffen, zu jagen.

Zu Beginn der ersten Phase hatten wir Stefania ein paar Tage lang weiter tiefgekühlte Sardinen gegeben, weil sie zu traumatisiert war, um eine abrupte Nahrungsveränderung zu verkraften. Dann gaben wir ihr allmählich tote, aber nicht tiefgekühlte Sardinen. Anfangs spuckte sie die Fische aus, um sie dann noch einmal zu probieren und wieder auszuspucken. Sie brauchte zwei Monate, bis sie sich daran gewöhnt hatte, die nicht tiefgekühlten Sardinen zu fressen. Ich verbrachte meine Tage mit ihr im Wasser, und ich stellte fest, dass sie mich jeden Tag ein bisschen weniger brauchte. Einerseits war es traurig, weil ich Stefania ins Herz geschlossen hatte und unbeschreiblich schöne Momente mit ihr erlebte, aber andererseits war es genau das, was wir wollten: Sie gewöhnte sich allmählich an ihre natürliche Umwelt, das Meer, und trennte behutsam die Nabelschnur durch, die sie mit dem Menschen verband. Ich notierte ihr Verhalten bis ins kleinste Detail: Wie viele Kilo Sardinen sie fraß, bis wohin sie schwamm, ihr Verhalten gegenüber Fischen und vieles mehr. Nach ungefähr zwei Monaten kam Stefania zu mir, wenn ich auftauchte, dann schwamm sie wieder fort und spielte allein. Sie hatte gelernt, ihre Flossen wieder zu gebrauchen, und ihr normales Delfingewicht von 210 bis 220 Kilo erreicht. Sie war geheilt. Sie hatte gelernt, sich im Meer zu bewegen, auch wenn es ein abgegrenzter Bereich war, und sie fing an zu tauchen, wieder aufzutauchen, sich wie ein Delfin zu bewegen. Die erste Phase war abgeschlossen.

In der zweiten musste sie lernen, tote Fische aller Art zu fressen. Und auch hier war der Anfang schwierig. Sie nahm den Fisch, ließ ihn stundenlang liegen, dann probierte sie ihn wieder, wenn der Hunger zu groß wurde, und so immer weiter. Wir gaben ihr eine bestimmte Menge Sardinen, die wir nach und nach reduzierten und durch andere Fische ersetzten. Bis sie gelernt hatte, alle Fischarten zu fressen, die in dem Riff lebten, dauerte es noch einmal zwei oder drei Monate. Ich meinerseits blieb immer weniger lange bei ihr, damit sie sich allmählich aus ihrer Abhängigkeit vom Menschen befreien konnte.

In dieser Zeit richteten wir einen Schutzbereich im Norden der kleinen Insel Albuquerque ein, in einer Zone, die viel tiefer war, wo Stefania auf bis zu acht Meter hinuntertauchen konnte, während ihr voriges Gehege nur drei Meter tief gewesen war und das Delfinarium anderthalb Meter. Sie musste sich an die größere Tiefe und den Druck gewöhnen, damit sie sich eines Tages einer Delfingruppe anschließen und ihnen überallhin folgen konnte.

In diesem Schutzbereich begann nun die dritte Phase von Stefanias Freilassung, in der sie lernen musste, die Fische selbst zu jagen, von denen sie sich ernährte, und auf die Anwesenheit menschlicher Wesen zu verzichten. Auf dem Transport in ihre neue Umgebung wurde ihr noch einmal Blut abgenommen, um zu kontrollieren, ob sie vollständig geheilt war. Veronica streichelte sie ein letztes Mal, dann wurde Stefania in ihr neues Gehege gesetzt. Ric hatte angeordnet, dass der Delfin von jetzt an keine Kontakte mehr mit Menschen haben durfte. Nur er und ich würden uns Stefania noch einige Zeit nähern. Wir standen alle zusammen am Strand, Veronica, Cyril, Olivier, Ric und ich, schauten aufs Wasser und hörten Ric zu, der uns noch einmal einschärfte, dass Stefania uns vergessen musste. Ich durfte noch mit ihr schwimmen, um festzustellen, wann sie anfing, Fische zu jagen, und wie sie damit zurechtkam. Dann würde auch ich aus ihrem Umfeld verschwinden. So standen wir am Strand und beobachteten Stefania, während sie in ihr neues Zuhause ausgesetzt wurde. Sobald sie ins Wasser eintauchte, schwamm sie energisch ins Meer hinaus, machte ein paar Sprünge, dann kehrte sie zum Strand zurück, den Kopf außer Wasser, und schaute uns der Reihe nach an, als wollte sie uns danken, als ob sie sich erinnerte, dass wir ihr geholfen hatten, aus ihrem engen Gefängnis in ihre natürliche Umwelt zurückzukehren. Es war ein sehr bewegender Moment. Veronica brach in Schluchzen aus: Sie wusste natürlich, dass Rics Entscheidung richtig war, aber es bedeutete, dass sie »ihren« Delfin nicht einmal mehr sehen konnte, denn sie durfte nicht in die Nähe von Stefanias neuem Schutzbereich kommen. Und das, obwohl sie den Delfin vor dem Tod gerettet und eine tiefe Zuneigung zu ihm entwickelt hatte. Für Veronica war dieser Moment am schmerzlichsten, und auch mir tat es Leid, dass ich nicht mehr zu Stefania ins Wasser springen durfte. Nach dem Abschiedsgruß kehrten wir auf die andere Seite der Insel zurück. So begann die letzte Phase, die schwierigste, in der Stefania lernen sollte, dass sie sich selbst ernähren musste. Am Anfang hatte ich ein paar Auseinandersetzungen mit Ric, der meiner Meinung nach zu hart war. Um Stefania ans Jagen zu gewöhnen, fingen wir zum Beispiel Fische, die Ric noch lebend in Eisblöcke legte. Dann durchtrennte er ihnen das Rückgrat, damit sie nicht mehr so schnell schwimmen konnten und Stefania eine Chance hatte, sie zu erwischen. Ich fragte ihn: »Wer gibt dir eigentlich das moralische Recht zu entscheiden, dass dieser Fisch unter schrecklichen Qualen verenden muss, damit der Delfin frei sein kann?« Natürlich entwickelt man leichter Gefühle für einen Delfin als für einen 20 Zentimeter langen Fisch, aber trotzdem ... Für mich waren solche Methoden aus ökologischer Sicht nicht vertretbar. Ric wiederum konnte nur schwer akzeptieren, dass ich auf Unterwasserjagd ging. Wir waren gut befreundet, aber nicht immer einer Meinung. Ich tauchte weiter neben Stefania, um zu beobachten, wie sie sich beim Jagen anstellte. Anfangs achtete sie überhaupt nicht auf die Fische. Dann wurde sie allmählich hungrig, verfolgte sie, schnappte von Zeit zu Zeit nach ihnen. Ich erinnere mich noch, wie sie eines Tages, als ich außerhalb des Schutzbereichs im Wasser war, zum ersten Mal einen Fisch fing und ihn auffraß. Und als sie ihn gefressen hatte, vollführte sie einen gewaltigen Luftsprung, als wollte sie hinausposaunen, dass sie gerade eine große Entdeckung gemacht hatte. Damit ging die letzte Phase ihrer Befreiung dem Ende entgegen.

Die Tage flogen dahin, Stefania jagte immer öfter Fische. Sie war jetzt nicht mehr auf die Anwesenheit von Menschen angewiesen, und Ric und ich hielten uns immer länger von ihr fern. Von Zeit zu Zeit tauchten wir, um uns zu überzeugen, dass alles in Ordnung war, mehr nicht. Eines Tages brach ein fürchterlicher Sturm los, der die Pfeiler umriss, die das Netz vor dem Gehege festhielten. Am nächsten Morgen sahen wir, dass die Abtrennung fort war, aber der Delfin war nicht davongeschwommen. Ric wollte das Netz nun nicht mehr aufspannen und Stefania selbst entscheiden lassen, wann sie wegschwimmen wollte. Aber Stefania blieb da. Sie wagte sich ein wenig über die Grenzen ihres ehemaligen Geheges hinaus, kam aber wieder zurück, denn sie wusste nicht, was sie jenseits der Grenzen erwartete. Sie fühlte sich sicher in ihrem Schutzbereich, in dem sie sich auskannte. Als Stefania nach einigen Wochen, in denen wir nichts mehr für sie getan hatten, immer noch nicht fortgeschwommen war, fand Ric den Grund heraus, warum sie nicht ins offene Meer hinausgelockt wurde. In dieser Zone gab es keine wilden Delfinherden, denen sie sich anschließen konnte. Da Stefania ein Weibchen war, würde sie vermutlich problemlos von einer Delfinfamilie adoptiert werden. Wir mussten sie also an einen anderen Ort bringen, in eine Zone, wo wilde Tursiopsdelfine vorbeikamen.

Ein Delfin, der in Gefangenschaft gelebt hat, kann nicht allein ins offene Meer schwimmen, auch wenn er gelernt hat, sich selbst zu ernähren. Er muss Anschluss bei anderen Delfinen finden, die ihm helfen, sich zu orientieren und sich durchzuschlagen.

Und so brachten wir Stefania mit einem Spezial-Meereskonvoi auf die Insel Rosario, was eine extrem lange Reise bedeutete. Rosario liegt gegenüber von Cartagena im Norden von Kolumbien in der Karibik. Dort gibt es ein natürliches Delfinarium, das heißt mehr oder weniger geschlossene Meeresarme, in denen Delfine leben. In dieser Zone setzten wir Stefania aus, da wir wussten, dass hier auch zahlreiche wilde Delfine vorbeischwimmen würden.

Eines Morgens erwachten wir und stellten fest, dass Stefania fort war.

Menschen erkennen sich an ihren Fingerabdrücken, Delfine an den Merkmalen ihrer Rückenflosse, die bei jedem Tier anders sind. Wir hatten Stefanias Rückenflosse fotografiert, und einige Monate darauf erspähten wir ihre Flosse in einer Gruppe wilder Delfine. Sie war also fortgeschwommen, um sich der Familie anzuschließen. Ein wenig später konnten wir sehen, dass sie trächtig war, dann, dass sie ein Junges hatte. Wir verzichteten darauf, ihr einen Monitor anzulegen oder sie zu überwachen.

Heute ist Stefania ein freier Delfin, der unter seinesgleichen lebt, in seiner Welt, im weiten Meer.

Die Melancholie der Wale
Pilotwale

Wale haben mich immer fasziniert, vielleicht weil diese riesigen Meeresbewohner etwas Surreales an sich haben. Wer das Glück hat, einem Wal im Wasser zu begegnen, ist überwältigt von seiner ungeheuren Kraft und der Kleinheit des Menschen. Wenn du allein im weiten Meer bist, bekommst du bereits einen Begriff von der Größe der Natur, aber wenn du im Ozean neben einem Wal tauchst, fühlst du dich wie ein winziges Staubkörnchen. Das sind gewaltige Tiere, die eine enorme Kraft ausstrahlen.

Die ersten Wale, die ich aus der Nähe gesehen habe, waren eigentlich keine Wale, sondern Globicephala oder Pilotwale. Es sind Wale, die keine Barten, sondern Zähne haben und in die Gattung der Delfine klassifiziert werden. Wale werden sie vor allem wegen ihrer Größe genannt, denn die Tiere sind drei bis fünf Meter lang und wiegen zwischen 1,8 und 3,5 Tonnen. Pilotwale, auch Grindwale genannt, haben einen Delfinkörper und einen riesigen Kopf; sie sind ganz schwarz und leben in Herden. Bei den Kanaren, zwischen Teneriffa und Gomera, gibt es einen riesigen Meerespark, wo das Tauchen verboten ist. Ich hatte eine Sondergenehmigung, denn ich gehörte zu einem Forschungsteam, das Pilotwale studierte, und musste ihr Verhalten beobachten.

Sobald ich eine Anzahl Wale erspähte, stürzte ich mich ins Wasser. Ich befand mich mitten im offenen Meer, einem 3.000 Meter tiefen Meer, als die 15 oder 20 gewaltigen Waltiere näher kamen. Ich war ziemlich beeindruckt, als die schwarzen Riesen sich auf mich zubewegten. Mir wurde etwas mulmig, und ich sagte mir unwillkürlich: »Mein, Gott, hoffentlich merken sie auch, dass ich hier bin!« Zum Glück tauchten die Wale ab, als sie bis auf etwa fünf Meter an mich herangekommen waren, glitten unter mir durch und setzten ihren Weg fort. Manchmal traf ich die Pilotwale beim Verdauen an, wenn sie an die Oberfläche kamen, atmeten und reglos liegen blieben. Dann konnte ich sie länger beobachten und mitten in ihrer Herde mitschwimmen.

Walhaie

Ich hatte auch das Glück, zweimal mit Walhaien zu tauchen, auf den Malediven und im Turks- und Caicos-Archipel. Walhaie sind riesengroße Tiere, zwischen zwölf und 18 Metern lang, die bis zu 15 Tonnen wiegen können. Sie haben einen riesigen Kopf, kleine Augen, ein sehr großes Maul, das sie beim Schwimmen offen halten und das mit 3.000 winzigen Zähnen bestückt ist. Sie sehen Furcht erregend aus, obwohl sie völlig harmlos sind. Sie könnten zwar ganze Sardinenbänke verschlingen, ernähren sich aber hauptsächlich von Plankton, das sie über ein spezielles Filtersystem aufnehmen: Das Plankton wird mit dem Wasser geschluckt, das sie dann durch die Barten wieder ausstoßen. Ich habe unvergessliche Stunden mit ihnen verbracht, denn man kann neben ihnen schwimmen, in ihrer Gegenwart tausend Kapriolen unter Wasser veranstalten, ihnen folgen und sich sogar an eine ihrer Flossen hängen, ohne dass sie sich gestört fühlen.

Eines Tages betreute ich im Turks- und Caicos-Archipel eine Gruppe Gerätetaucher bei ihrem ersten Tauchgang im Meer. Unter ihnen befand sich auch ein ungefähr 60-jähriger Mann, Direktor einer großen Bank, der sich mit äußerster Vorsicht vorwärts bewegte. Alle paar Meter mussten wir anhalten und auf ihn warten, er war nervtötend langsam. Wir bewegten uns auf sieben oder acht Meter Tiefe, als ich einen Schatten über uns hergleiten sah. Ich wandte den Kopf um und entdeckte einen Walhai, nur zehn Meter von uns entfernt. Ich bat die anderen, auf mich zu warten, dann stieg ich wieder auf und hängte mich an eine seiner Flossen. Es kommt sehr selten vor, dass man Walhaien begegnet, außer in bestimmten Gegenden wie Ningaloorif in Australien, und ich wollte mir das auf keinen Fall entgehen lassen. Ich schwamm mit dem Walhai und war so glücklich, dass ich nicht mehr an meine Tauchgruppe dachte. Nach einer Weile tauchten sie nach und nach wieder auf. Auch der langsame Teilnehmer erschien an der Oberfläche, und als er die Augen öffnete, sah er plötzlich ein Ungetüm auf sich zukommen, das mehr als zehn Meter lang war und sein zwei Meter breites Maul weit aufgesperrt hielt. Der Mann bekam einen solchen Schreck, dass er sein gravitätisches Gehabe vollständig vergaß und wie eine Rakete im Wasser davonzischte!

Buckelwale

Mein schönstes Erlebnis mit Walen hatte ich jedoch mit der Gattung Megaptera. Der Buckelwal, der zu den Balaenopteridae oder Furchenwalen gehört, lebt vor allem in Kanada, im Atlantik und Pazifik, obwohl auch schon einige Tiere im Mittelmeer gesichtet wurden. Er ist für seine Beweglichkeit, seine Sprünge, seine Spiele bekannt. Er peitscht das Meer mit seinen Flossen, kann ganz aus dem Wasser herausspringen, lässt sich auf dem Rücken treiben und vollführt tausend Kunststücke, die für ein Tier von diesem Umfang unglaublich sind.

Auf der Suche nach Buckelwalen war ich nach Puerto Plata im Norden von Santo Domingo unterwegs, und nach einer zehnstündigen Schiffsfahrt auf dem offenen Meer kamen wir in ein Gebiet namens Silver Bank oder Banco de Plata. Dieser Teil des Meeres, der zwischen dem Turks- und Caicos-Archipel und Santo Domingo liegt, gehört zur Dominikanischen Republik. Die Wale sind nicht immer da, sie kommen zu einer bestimmten Zeit des Jahres, von Ende Januar bis Ende März: Sie schwimmen zu tausenden von den eisigen Gewässern des Atlantik in der Höhe von Kanada in die viel wärmeren Gewässer dieser Region herunter, wo die Temperatur 26 °C erreicht. Dort finden ihre Liebesspiele statt, dort paaren sie sich und kehren im nächsten Jahr zurück. Die Weibchen bringen dann nach zwölf Monaten Tragzeit die Jungen auf die Welt, die sie im Vorjahr empfangen haben. Die Meeresrouten, die sie entlangziehen, sind nicht in jedem Jahr die gleichen, sondern variieren aus bislang ungeklärten Motiven. Das Waljunge kommt also in Gewässern zur Welt, deren Temperatur ihm das Überleben ermöglicht. Die

Fettschicht unter seiner Haut ist noch ziemlich dünn und böte in einem kalten Meer nicht genügend Schutz. Das »Kleine«, das bei seiner Geburt bereits vier Meter lang ist, wird drei oder vier Monate von seiner Mutter gesäugt, deren extrem nahrhafte Milch 35 % Fett enthält (die menschliche Milch enthält nur 2 %). Das Junge saugt nicht an der Mutter, sondern sie ist mit einer Art Pumpe ausgestattet, mit der sie die Milch in das Maul des Kleinen spritzt. Das Waljunge wächst sehr schnell, bis zu 20 Kilo pro Tag, und legt sich die Speckschicht zu, mit der es in kalten Gewässern überleben kann.

Wir kamen in der Dämmerung an, der Tag neigte sich über dem endlosen Ozean, wo nur die düsteren Umrisse eines Wracks den Blick einfingen. Der verrostete japanische Frachter war vor etwa 30 Jahren hier gestrandet und in ein Korallenriff eingewachsen. Es handelte sich vermutlich um einen Fall von Piraterie oder einen Versicherungsbetrug. Die gängigste Ansicht war jedoch, dass der Frachter illegale Ware, wahrscheinlich Drogen, transportiert hatte, und als die amerikanische Polizei Jagd auf ihn machte, in den Riffen von Banco Plata aufgelaufen war, Riffen, die über dem Wasser nicht zu sehen sind, sondern bis auf zwei Meter unter der Oberfläche hinaufreichen. Dieses Schiffswrack, das mitten im Ozean aufragt, verleiht dem Ort eine geheimnisvolle Aura, eine ungewöhnliche, ja unheimliche Atmosphäre.

Wir warfen den Anker unseres Schiffs, der *Ocean Explorer*, in der Nähe des Wracks aus. Wir befanden uns mitten auf dem Meer, keine Küste zeichnete sich am Horizont ab. Das Schweigen des Ozeans wurde nur von den Eisenkonstruktionen des Frachters gestört, die sich regelmäßig in der Strömung und den Wellen bewegten und ein durchdringendes Kreischen von sich gaben, das jedem Horrorfilm Ehre gemacht hätte.

Ich tauchte sofort hinunter und drang in den Laderaum des Wracks vor. Plötzlich erfasste mich eine unerklärliche Angst oder

Bangigkeit, denn ich vernahm ein seltsames Geräusch. Im Laderaum bewegten sich ein paar Fischnetze mit der Strömung. Das Wasser war klar und durchsichtig, das Gerippe des Wracks hingegen dunkelbraun und völlig verrostet – ein eindrucksvoller Kontrast. Ich befand mich also im Inneren des Wracks, und als ich durch ein Bullauge schaute, glitt ein riesiger Wal ungefähr 30 Meter entfernt an mir vorbei. Ich stieg wieder an die Oberfläche auf und rief Dan, dem Kommandant des Schiffes, zu: »Hier gibt es Wale!« Er brach in Gelächter aus und antwortete: »Schau doch nur!« Und da sah ich, dass Dutzende von Walschwänzen aus dem Wasser ragten, und ich hörte ihren mächtigen Atem, wenn sie an die Oberfläche stiegen, um Luft zu holen. Die Nacht brach herein, aber ich wollte trotzdem tauchen. Ich glitt wieder ins Wasser, hielt mich am Ankertau fest und stieg auf etwa zehn Meter ab. Ich sah nichts, alles war dunkel, und wieder vernahm ich dieses seltsame Geräusch, sehr stark, keinem anderen vergleichbar, das das ganze Meer erfüllte: der Gesang der Wale. Ich hatte es bis dahin noch nie vernommen. Man kann es nicht beschreiben, am ehesten erinnert es noch an ein sanftes Wehklagen oder das Weinen eines Kindes. Tiefe Ehrfurcht erfüllte mich, als ich so ganz allein am Grund des dunklen Wassers weilte, von den erschütternden, unbeschreiblichen Tönen umfangen. Ich stieg wieder zum Schiff hinauf und legte mich schlafen, völlig im Bann dieses Erlebnisses.

Das klagende Geräusch ist, wie ich später erfuhr, der Ruf des Männchens, mit dem es ein Weibchen umwirbt. Alle Walbullen stoßen den gleichen Gesang aus. Nur die Dauer variiert, und je länger und inbrünstiger ein Männchen diesen Ton halten kann, desto größer sind seine Chancen, das Weibchen zu gewinnen. Es ist ein Gesang, den man ausschließlich im Meer hört, denn das Wasser leitet den Schall siebenmal besser als die Luft. Selbst wenn der Wal weit weg ist, vernimmt man seinen Ruf ganz deutlich.

Am nächsten Morgen stand ich in aller Frühe auf, es dämmerte gerade, und ein prächtiges Schauspiel bot sich meinen Augen. Überall ragten Schwanzflossen aus dem Wasser hervor und peitschten die Oberfläche: Es waren Walbullen, die auf diese Weise die Weibchen auf sich aufmerksam zu machen versuchten. Hier und da stiegen dunkle Rücken auf, dann glitten die Tiere in die Wellen zurück und streckten die Schwanzflossen aus dem Wasser. Nach einer atemberaubenden Pirouette pflügten sie in die Tiefe und verschwanden. Gewaltige Fontänen, die bis zu drei Meter Höhe erreichten, stiegen auf. Und plötzlich schnellten die Männchen aus dem Wasser, dunkle Massen, wälzten sich einmal herum und klatschen unter ohrenbetäubendem Krachen auf den Rücken herunter, wobei sie gewaltige Wassergarben aufschießen ließen. Es ist unglaublich, mit welcher Geschmeidigkeit und Geschicklichkeit die Kolosse sich bewegen. Selbst die Weibchen werden bis zu 18 Meter lang und wiegen 30 Tonnen. Manche Forscher sagen, dass der Buckelwal sich nach einem Sprung so heftig aufs Wasser zurückfallen lässt, um sich von den Parasiten zu befreien, die sich auf seiner Haut einnisten. Aber der Sprung kann auch ein Spiel sein, eine Hochzeitsparade, ein Kommunikationsmittel. Eine weitere Besonderheit des Buckelwals sind die zahlreichen Ausbuchtungen, die seinen Kopf vor den Spritzlöchern bedecken. Es sind Haarbälge, und sie enthalten ein einziges Haar, das vermutlich eine sensorische Funktion hat. Jedes Mal, wenn der Buckelwal atmet, erneuert er fast 90 % seines gesamten Luftvolumens, der Mensch dagegen nur 20 %.

Ich hatte es eilig, ins Wasser zurückzukehren, und weckte meine Kameraden auf. Wir stiegen in ein kleines Schlauchboot, das die *Ocean Explorer* mitführte, und näherten uns der Stelle, wo die Wale vorüberzogen. Als wir nahe herangekommen waren, sagte Dan zu mir: »Beweg dich vorsichtig, geh nicht bis zum Grund runter, bleib im Blauen, dann wirst du sie zu Gesicht bekommen!«

Der Gedanke, mitten im Ozean unter Walen zu tauchen, war mir nicht so ganz geheuer. Aber ich ließ mich vorsichtig ins Wasser gleiten, tauchte hinunter, und als ich in tiefblauem Wasser war, zeigten sich vier weiße Flecken – die Seitenflossen des Buckelwals, die bis zu fünf Meter lang sein können. Dann erschien der Rest des Körpers. Der Wal strahlte eine ungeheure Macht aus. Ich war überwältigt von so viel Kraft, so viel Schönheit. Ein zweiter Wal folgte dem ersten, sie schwammen in meine Richtung. Es war ein erwachsenes Paar, das mit überirdischer Eleganz und Anmut dahinglitt: Sie bewegten kaum den Schwanz, kamen aber sehr rasch vorwärts. Sie schwebten ungefähr fünf Meter von mir entfernt vorüber, in einer Tiefe von drei Metern. Ich wollte ihnen folgen und schlug mit den Flossen, so schnell ich konnte, aber ich schaffte es nicht, während sie nur ganz gemächlich ihres Weges zogen. Plötzlich vollführte einer der Wale einen gewaltigen Schwanzschlag, um Tempo zu gewinnen. Er wühlte eine riesige Wassermasse auf, die mich ungefähr zehn Meter zurückwarf und mir die Tauchermaske vom Gesicht riss. Buckelwale haben eine unglaubliche Kraft im Schwanz. Man braucht sich nur vor Augen zu führen, dass sie sich mit einem einzigen Stoß 15 Meter über das Wasser hinaufkatapultieren!

Ich blieb zurück, gefangen in dem Wasserstrudel. Ich hörte ihren Gesang, der andauerte, stetig erklang. Ich stieg wieder zum Boot auf. Überall waren Buckelwale. Ich schwamm eine ganze Woche lang mit ihnen, beobachtete sie an der Oberfläche und unter Wasser, zwischen den Korallenriffen. Manchmal hielten sie an und spielten miteinander. Die Weibchen treiben des Öfteren reglos im Wasser, und dann kann man sich ihnen gefahrlos nähern. Ich wurde Zeuge von Paarungsritualen zwischen einem Männchen und einem Weibchen; manchmal rivalisierten drei oder vier Männchen um ein Weibchen, und jeder wollte zum Zug kommen: Sie kämpften unter der Oberfläche, peitschten sich gegenseitig mit dem Schwanz oder vollführten Sprünge aus dem Wasser. Am Ende konnte ich die Bullen von den Kühen gut unterscheiden: Das Männchen ist ungebärdiger, das Weibchen sanfter, ruhiger. Aber am unerschrockensten und neugierigsten sind die Jungen. Es kam häufig vor, dass eines sich von seiner Mutter entfernte, um nachzusehen, wer ich war. Das Kleine beäugte und umkreiste mich, bis die Walmutter ihr Junges zurückholte. Wenn eine Walmutter schnell schwimmt, presst sie ihr Junges zwischen die Seitenflossen, damit es ihr folgen kann, und stößt sich mit großen Schwanzschlägen vorwärts. Wir haben oft beobachtet, wie mehrere Buckelwale den Schwanz aus dem Wasser reckten und dann im Meer verschwanden. Wir fuhren schnell mit dem Boot zu der Stelle, an der sie abgetaucht waren, ich stieg senkrecht hinunter und sah die Wale am Boden unten spielen. Ich drehte mich langsam, ganz vorsichtig, und schwamm in ihre Gruppe hinein. Fast konnte ich sie berühren. Manchmal schwammen die Wale langsam fort, manchmal blieben sie da und ließen sich beobachten. Wale haben einen sehr ausdrucksvollen Blick, sehr sanft, oft voller Melancholie. Wenn ich mich einem von ihnen näherte, beobachtete er mich, bewegte den Kopf, fragte sich, was ich wohl wollte. Ich hatte keinen anderen Wunsch, als ihn zu betrachten, seine Geheimnisse zu ergründen. Niemand hat es bisher geschafft, Buckelwale bei der Paarung zu filmen oder wenn die Weibchen ein Junges zur Welt bringen. Man vermutet, dass die Wale in dieser Zeit in große Tiefen abtauchen oder dass sich alles nachts abspielt. In den vier Monaten, in denen die Buckelwale in wärmere Gewässer wandern, fressen sie nicht. Es ist ein sehr langes Fasten, bei dem sie sämtliches Fett verbrennen, das sie in den vorangegangenen Monaten gespeichert haben, in Form von riesigen Mengen Krill und kleinen Fischen, die es in den kalten Gewässern am Pol in Hülle und Fülle gibt.

Ich kehrte jeden Tag zurück, um das Wrack des Frachters unter Wasser zu erkunden, und eines Tages entdeckte ich durch das Bullauge eines Laderaums zwei Delfine, die mit einem Wal schwammen. Das war ein atemberaubend schöner Anblick. Ich schwamm aus dem Laderaum heraus und versuchte mich ihnen zu nähern, aber sie waren zu weit weg.

Die Zeit mit den Buckelwalen von Silver Bank ist eine der wichtigsten Erfahrungen in meinem Leben. Abends, bei Sonnenuntergang, nachdem ich den ganzen Tag mit Schwimmen und Tauchen zugebracht hatte, stieg ich ein letztes Mal an der Ankerkette der *Ocean Explorer* ab, ich blieb einen Augenblick am Meeresgrund, ich lauschte und konzentrierte mich auf den Gesang der Wale. Dann schloss ich die Augen und ließ die Begegnungen und das einzigartige Geschehen, alles, was ich tagsüber erlebt hatte, noch einmal vor mir ablaufen. Es sind Empfindungen, die sich tief in mein Gedächtnis eingegraben haben. Noch heute habe ich das Gefühl, den Gesang zu hören, wenn ich ins Meer absteige und die Augen schließe. Ein Gesang, der tief in mir verankert ist.

Ich liebe Delfine über alles. Wale faszinieren mich auch, aber alle Tiere, die unter Wasser leben, lösen starke Emotionen aus: die riesigen Mantarochen, die sich majestätisch im Meer bewegen, die es zulassen, dass man sich ihnen nähert, behutsam neben ihnen schwimmt, die Seekühe, die sich bereitwillig streicheln lassen, die Muränen, die Schildkröten. Es gibt jedoch einen Fisch, der sich als Herrscher der Ozeane aufführt und der mich immer fasziniert hat: der Hai.

Der Blick des Hais

Der Hai ist ein prachtvoller Fisch von außerordentlicher Eleganz. Da er als Menschenfresser verschrien ist, ruft er Urängste in uns wach, die von zahlreichen Schauermärchen genährt werden, angefangen von *Zwanzigtausend Meilen unter dem Meer* von Jules Verne oder Horrorfilmen wie *Der weiße Hai* von Stephen Spielberg, die völlig realitätsfern sind. Es stimmt zwar, dass Haie vom Blutgeruch angelockt werden und mancherorts eine echte Gefahr für Badende oder Taucher darstellen können, aber die Gefahr ist im kollektiven Unbewussten doch stark übertrieben. Die schrecklichen Bilder, der negative Mythos, der den Hai umgibt, wirken zugleich abstoßend und faszinierend. Auf jeden Fall ist der Hai ein Tier, das Respekt einflößt. Er ist schwer zugänglich, man kann sich ihm nicht ohne weiteres nähern wie einem Delfin oder Wal, was vielleicht auch ein Grund ist, warum er unsere Neugier erregt.

Ich studiere oft den Blick von Meeresbewohnern. Der Delfin hat die Augen eines übermütigen Kindes, sehr lebhaft, verspielt und schelmisch. Der Wal hat einen ernsten, melancholischen Ausdruck, der ans Herz greift. Der Hai dagegen hat einen kalten Blick, der andere auf Distanz hält. Vor kurzem hatte ich die Gelegenheit, große weiße Haie zu beobachten. Sie kommen, werfen uns einen »Mörderblick« zu, selbst wenn sie uns nichts Böses wollen und obwohl sie weniger gefräßig sind als andere Meerestiere. Aber allein die weiße Membran, die sich über ihre Augen schiebt und ihren Blick verhüllt, sobald sie das Maul aufreißen, löst ein gewisses Unbehagen aus.

Ich habe oft Haie, auf den Bahamas, vor der Insel Nassau zum Beispiel, sehr schöne Grauhaie gesehen. Wir machten ein paar Experimente, indem wir Hühnerschenkel und Fische unter Wasser mitnahmen. Die Haie schwammen ungerührt an den Hühnerschenkeln vorbei, während sie sich gierig auf die Fische stürzten. Das ist ein Beweis dafür, dass Haie Menschen nicht aus dem Grund angreifen, weil sie sie fressen wollen, denn wie wir gesehen haben, können sie sehr wohl Fleisch, das sie verschmähen, erkennen – wie eben die Hühnerschenkel. Ein Hai greift vielleicht an, wenn ein Taucher bei einer Unterwasserjagd verletzt wird, wenn er Blut verliert oder mit Fischfetzen oder -blut bespritzt ist. In manchen Küstenregionen Australiens oder Südafrikas greift der Hai manchmal Menschen an der Wasseroberfläche an, vor allem Surfer, weil er das Brett sieht, die Arme und Beine, die aus dem Wasser ragen, und das Opfer für einen Seehund oder eine Pelzrobbe hält. Er beißt zu, aber dann lässt er sein Opfer los, weil er merkt, dass es kein Fleisch ist, das ihm schmeckt. Ich habe oft auf den Bahamas getaucht und dort eines Tages einen sehr schönen Hammerhai erblickt, dessen großer Kopf wie ein Holzhammer geformt ist. Im Pazifik, in der Nähe von Costa Rica, habe ich riesige Schwärme von Hammerhaien vorbeiziehen sehen. Ich bin ins Meer abgestiegen, in eine ziemlich große Tiefe, und sie glitten über mir vorbei, so zahlreich, dass sie das Sonnenlicht aussperrten. Der Hai ist eher ein Einzelgänger, auch wenn er sich in Gruppen zu hunderten zusammenschart, wahrscheinlich zum Zeitpunkt der Fortpflanzung. In Neukaledonien und im Los-Roques-Archipel in Venezuela habe ich prächtige Tigerhaie beobachtet. Man erkennt sie an ihrem massigen Körper, an ihrem sichelförmigen Schwanz, und wenn sie noch klein sind, an den Tigerstreifen, denen sie ihren Namen verdanken. Die erwachsenen Tiere nehmen dann eine einheitlichere Farbe an, graubraun auf dem Rücken und hellgrau am Bauch. Der Tigerhai zählt zu den Meeresbewohnern, die dem Menschen tatsächlich gefährlich werden können.

Ammenhaie sehen viel harmloser und lustiger aus. Tagsüber verstecken sie sich unter Felsen, im Sand, und rühren sich nicht, sie schlafen. Da sie auch im Schlaf über ihre Kiemen atmen können, müssen sie sich nicht so viel bewegen wie andere Haie. Nachts gehen sie auf die Jagd. Ich habe Ammenhaie sowohl im Atlantik als auch im Pazifik beobachtet und zahlreiche Zitronenhaie in Polynesien. Das ist ein Fisch, der sehr groß wird, bis zu vier Meter lang, und einen Furcht erregenden Kiefer mit nadelspitzen Zähnen besitzt.

Für mich ist es ein Geschenk, wenn ich Haie unter Wasser beobachten kann, und ich habe den größten Respekt vor diesen Tieren. Ich finde es schrecklich, dass Haie immer noch gejagt werden, wegen ihres Fleischs, das als Aphrodisiakum gilt, und wegen der gegenteiligen Wirkung einer Substanz, die in den Flossen enthalten sein und zu einem langen Leben verhelfen soll! Der jährliche Konsum von Haifischflossen beläuft sich auf 7.000 Tonnen. Ich begreife nicht, wie man einen solchen Blödsinn glauben kann. Der Mensch ist viel gefährlicher für den Hai als der Hai für den Menschen. Man braucht sich nur vor Augen zu führen, dass die Haipopulation vom Aussterben bedroht und in zwanzig Jahren um 75 % zurückgegangen ist.

Ich erinnere mich an wundervolle Momente, die ich unter Wasser mit Haien im Roten Meer erlebt habe, im Norden des Sudans, an einem Ort, der Sha'ab Rumi heißt. In dieser Zone, in der zahlreiche Weißspitzen- und Schwarzspitzenhaie leben, hat Cousteau 1963 sein Projekt *Précontinent II* durchgeführt, das heißt ein Unterwasserdorf gebaut, in dem eine Gruppe von Tauchern mehrere Tage auf zehn Meter Tiefe lebte. Mit dem Experiment, das er später in seinem Projekt *Précontinent III* weiterentwickelt hat, wollte Cousteau herausfinden, wie lange ein Mensch unter Wasser leben kann und mit welchen Schwierigkeiten er dort zu kämpfen hat. In Sha'ab Rumi sind noch die Überreste dieses Unternehmens zu sehen, und zwar Eisenkabinen, die wie kleine Raumschiffe aussehen und die Cousteau und sein Team unter Wasser brachten. Hier kann man mit den Haien tauchen und sie beobachten. Eines Tages schwamm ich mit Weißspitzenhaien, die ihren Namen tragen, weil ihre Flossen weiß gerändert sind, und mit Schwarzspitzenhaien, deren Flossen von glänzendem Schwarz gesäumt sind, als plötzlich ein Weißspitzen-Hochseehai (Carcharhinus Longimanus) auftauchte, den man sofort an seiner riesigen, weiß gesäumten Brustflosse erkennt. Dieser

Hai lebt im Allgemeinen in tiefen Gewässern, aber wenn er sich der Küste nähert, kann er sehr gefährlich werden. Ich konnte beobachten, wie die anderen Haie, die überwiegend harmlose Rifffische sind, ihr Verhalten änderten, hektisch umherschossen und sehr aufgescheucht wirkten.

Haie sind die ältesten Wirbeltiere und leben seit 400 Millionen Jahren auf der Erde. Sie besitzen Eigenschaften, die einzigartig in der Tierwelt sind. Ihre Flossen sind sehr robust, ihre Haut, die sich hart und rau anfühlt (ganz anders als die weiche Haut der Delfine), ist mit tausenden kleiner Schuppen bedeckt, die wie Zähne aussehen, den so genannten Hautzähnen. Die Schuppen greifen ineinander wie Dachziegel und verleihen dem Hai eine optimale Hydrodynamik. Bei den Schwimmwettkämpfen verwendet man neuerdings Anzüge namens »Haihaut«. Außerdem wird diese Struktur auch von einigen Flottenverbänden studiert, die ihre U-Boote mit einem haihautähnlichen Gewebe überziehen möchten. Dank seiner Haut ist der Hai so schnell und lautlos. Der schnellste Hai, der Mako mit seinen vier Meter Länge, kann 32 Stundenkilometer erreichen.

Der Hai hat eine riesige Leber, die außerordentlich vitaminhaltig ist und bis zu 15 % seines Gesamtgewichts ausmachen kann, eine Besonderheit, die ihm einen niedrigen Stoffwechsel ermöglicht, so dass er nur wenig fressen muss. Ein Hai kann mehrere Tage ohne Nahrung überleben. Im Übrigen gibt ihm die riesige Leber mit ihrem hohen Fettgehalt so viel Auftrieb, dass er auf eine Schwimmblase verzichten kann, was eine weitere Besonderheit der Haie ist.

Auf dem Kopf, vor allem um die Augen und in der Schnauze, haben Haie spezielle sensorische Organe, die Lorenzininblasen. Diese kleinen Einbuchtungen, die mit einer gelartigen Flüssigkeit gefüllt sind, enthalten Nervenenden, mit denen der Hai selbst schwächste elektrische Felder wahrnehmen kann, die sich im Meer ausbreiten. Zum Beispiel erkennt ein Hai das elektrische Potential, das vom Herzschlag einer Seezunge im Sand des Meeresbodens ausgeht. Wenn ein Hai mit einer gewissen Aggressivität auf mich zugeschwommen kam, indem er große Schwanzschläge austeilte, geschah das immer nur nachts, wenn ich mit Batterien filmte, die die Lichtquelle der Kamera speisten. Die Haie warfen sich gegen die Kameras, die die Batterien enthielten. Sie waren vermutlich von den elektrischen Feldern irritiert, die diese Geräten um sich verbreiteten.

Der Hai ist eine richtige Kampfmaschine. Er hat außergewöhnlich gut entwickelte Sinne, vor allem den Geruchssinn. Er kann einen Tropfen Blut riechen, der in 500 Millionen Tropfen Salzwasser aufgelöst ist. Seine Zähne, die ein Leben lang nachwachsen, sind rasiermesserscharf und in mehreren Reihen angeordnet, die sich nach vorn schieben, so dass ein abgenutzter Zahn sofort ersetzt werden kann. Der Hai ist einer der hoch entwickeltsten und faszinierendsten Fische, die es gibt.

Den aufregendsten Tauchgang, an den ich mich erinnere, habe ich mit großen weißen Haien erlebt. Am Westkap in Südafrika hatten die Fischer von Klein Baai ein Spektakel organisiert, zu dem sie Taucher aufs Meer hinausbrachten, in Gebiete, in denen weiße Haie anzutreffen waren. Hinter ihren Booten schleppten die Fischer einen »Antihaikäfig« mit. Sie hielten bei einer Inselgruppe an, wo der Meeresboden mit extrem langen Algen, fast wie Lianen, bedeckt war. Die Algen, die bis zu 20 Meter lang werden können und zum Teil über die Oberfläche hinausragen, bilden regelrechte Dschungel. Die Fischer werfen hier den Anker aus und schleudern Tunfisch- und Sardinenköpfe ins Meer, blutige Fischreste. Nach und nach tauchen die weißen Haie auf und umkreisen den Kahn. Ich stieg also in den Käfig – einen drei Meter hohen und anderthalb Meter langen, mit Eisenstangen gesicherten Würfel, der in der Mitte ein Loch aufweist, durch das man auf den Meeresgrund sehen, filmen oder Fotos machen kann –, und ich erlebte ein faszinierendes Schauspiel: Die Haie strichen an der kleinen Kabine vorbei und hämmerten mit ihrer Schnauze gegen die Eisenstäbe. Die größten Haie sind bis zu fünfeinhalb Meter lang. (Der größte Hai aller Zeiten wurde allerdings vor Malta im Mittelmeer gefangen, ein acht Meter langes Weibchen, das gerade Junge bekommen hatte!) Wenn der Hai auftaucht, ziehen die Fischer die an einem Seil befestigten Köder zurück, sodass der Hai immer wütender und aggressiver wird. Im Übrigen ist das Wasser trüb, die Sichtweite beträgt höchstens zwei bis drei Meter, man sieht den Hai also nicht von weitem kommen. Er taucht ganz plötzlich auf und in so unmittelbarer Nähe, dass man einen ziemlichen Schreck bekommt. Nur zwei oder drei Experten tauchen mit den Haien außerhalb des Käfigs, und auch nur dann, wenn die Sichtweite größer ist, das heißt mindestens 20 Meter. Sonst ist der Hai zu plötzlich da, und der Taucher kann sich nicht absolut ruhig verhalten. An der äußersten Spitze des afrikanischen Kontinents gelegen, ist das Meer hier mehr oder weniger trübe, je nach den Strömungen, und kann urplötzlich seine Temperatur ändern. Die Tatsache, dass man in diesen unwirtlichen Gewässern tauchen muss, die voller Algen sind, ohne klare Sicht und kalt, lässt die Begegnung mit dem weißen Hai noch unheimlicher erscheinen. Man sieht ihn kommen, mit einer atemberaubenden Eleganz, man könnte meinen, dass er kaum den Schwanz bewegt. An jenem Tag näherte er sich mir, schaute mich in meinem Käfig an, beobachtete mich, warf sich gegen die Eisenstäbe, sprang nach dem Fischbrocken, der ihm an der Oberfläche hingeworfen wurde. Manchmal lässt der Fischer den Hai in einen Köder beißen, der noch an der Schnur hängt, und reißt ihn plötzlich zurück. Der

Hai kommt dann fast ganz aus dem Wasser, denn er hat sich in den Fisch verbissen und will ihn nicht loslassen. Man sieht seine Schnauze mit dem gewaltigen Kiefer und den nadelspitzen Zähnen – 300 im Ganzen! Am eindrucksvollsten ist jedoch die weiße Membran, die sich über sein Auge schiebt und es verdeckt. Es ist eine Schutzhaut, denn Auge und Nase sind die empfindlichsten Stellen des Hais, die leicht verletzt werden könnten, wenn seine Beute um sich schlägt. Der weiße Hai strahlt eine unglaubliche Macht aus. Du fühlst dich ganz winzig in deinem Käfig und hoffst, dass der Hai nicht allzu wütend wird, denn wenn er wollte, könnte er den Käfig mühelos zertrümmern. Eines Tages warf sich ein tobender Hai gegen die Eisenstangen und verfing sich in dem Loch in der Mitte. Sein Kopf drang in die Öffnung ein, er steckte fest, und je mehr er sich zu befreien versuchte, desto weiter geriet er in den Käfig hinein, statt herauszukommen. Innen saßen zwei Männer, die den Kopf eines wütenden Hais kaum 20 Zentimeter von ihrem Gesicht entfernt sahen! Zum Glück konnten die Taucher sich retten, sie kamen aus dem Käfig heraus, und der Hai wurde befreit. So spektakulären Begegnungen mit großen Haien sind sehr aufwühlend und faszinierend.

Doch die Unterwasserwelt ist so reich, dass du jedes Mal, wenn du tauchst, etwas Neues entdeckst. Nicht nur Meeressäuger und Haie. Ich liebe auch alle kleinen Fische, wie den Harlekinfisch, den neonblauen Clownsfisch und andere, von denen manche in Symbiose mit Seeanemonen oder im Inneren von Korallen leben. Ich könnte ihnen stundenlang zusehen und die bizarre Flora studieren. Wenn ich unter Wasser tauche und die Natur um mich herum beobachte, erfüllt mich ein tiefer Frieden. Ich habe oft das Bedürfnis zu beten, denn ich fühle mich Gott nahe. Diese Heiterkeit und Erfülltheit, dieses Wohlgefühl finde ich nur am Grund des Meeres, ich ruhe mich auf dem Sand aus, ich betrachte, was um mich ist, und ich bin mit mir und der Welt im Einklang.

Ich habe nachts noch nie von Delfinen geträumt. Dagegen träume ich oft, dass ich eine Möwe bin. Vielleicht, weil ich ins Meer hinuntersteige, aber nicht am Himmel fliegen kann.

Reise ins innerste Selbst

Das Sternentor

Ich habe mich immer bemüht, meine Arbeit mit dem Bedürfnis in Einklang zu bringen, andere Realitäten kennen zu lernen, anderen Menschen zu begegnen, die mir zu einem besseren Verständnis des Meeres, der Unterwasserwelt und natürlich meiner selbst verhelfen können.

2000 und 2001 habe ich zusammen mit Pipin Ferreras 18 Monate lang *Ocean Men* gedreht, einen 40-minütigen Film im IMAX-Großformat, unter der Regie von Bob Talbot (der auch als Fotograf bekannt ist). Eine deutsche Gesellschaft – H5B5 – hat den Film produziert, die Musik stammt von Cliff Eidelman. Der Film ist ein zweiter *Im Rausch der Tiefe*, nur dass die Protagonisten nicht Jacques Mayol und Enzo Maiorca sind, sondern Pipin und ich. Die Geschichte beginnt mit Pipin, der in frühester Kindheit zu tauchen angefangen und, wie er schwört, Olucun, dem Gott des Meeres, nach einer Santería-Zeremonie geopfert hat. Santería ist ein kubanischer Kult, der eine Synthese aus Elementen der katholischen und westafrikanischen Religionen darstellt und auch in Brasilien, Haiti, Trinidad und Puerto Rico praktiziert wird. In den Anfangssequenzen des Films sieht man zwei Geschichten recht unterschiedlichen Inhalts, die sich am jeweils anderen Ende der Welt abspielen: zunächst die Santería-Zeremonie, dann ein Badezimmer im italienischen Stil der 1960er-Jahre, mit einer Frau, die ein blondes Kind – mich – zu waschen versucht, das schreit, weil es Angst vor dem Wasser hat. Die meisten Sequenzen, die Pipin betreffen, wurden in Miami und in der Karibik gedreht, denn Pipin ist ein Apnoist, der zum Atlantik »gehört«, während ich hauptsächlich auf Sardinien gefilmt wurde, weil ich mich viel mehr mit dem Mittelmeer verbunden fühle. Dann zeigt der Film unsere ersten Rekorde, unsere frühen Rivalitäten und stellt unsere unterschiedlichen Auffassungen vom Apnoetauchen vor: Pipin trainiert intensiv, mit viel Muskelarbeit, während ich an meiner Atmung arbeite, indem ich mit den Shaolin-Mönchen in China meditiere und die verschiedenen Taucharten in der Welt und in der Geschichte erkunde, zu den japanischen Ama-Fischerinnen reise und so weiter. So bereitet sich jeder auf seine Weise auf die kommenden Wettkämpfe vor, während die Spannung zwischen uns steigt. Der Film greift die Episode von Pipins Black-out bei einem Rekordversuch auf, dann zeigt er seinen nächsten Versuch in Cozumel, Mexiko. Pipin wird meistens beim No-limit-Tauchen gefilmt und ich mit konstantem Gewicht. Dem Regisseur ist es jedoch gelungen, die spektakuläre Seite unseres erbitterten Wettkampfs nuanciert wiederzugeben, indem er den unterschiedlichen Zugang deutlich macht, den wir zur Apnoe hatten.

Ocean Men wurde in vielen Ländern gezeigt. In Frankreich wurde er 2002 beim siebten Internationalen Festival in Paris vorgeführt und gewann den Publikumspreis. Für das Fernsehen wurde eine erweiterte Version hergestellt, sie ist in Italien, den USA und Deutschland ausgestrahlt worden.

Während der Dreharbeiten für *Ocean Men* reiste ich zu den Bahamas, auf die Insel South Andros, um in einer Art natürlichem Brunnen mitten im Wald zu tauchen. Die Bedingungen waren schwierig. Um den Ort zu erreichen, wo der natürliche Brunnen sich befand, musste man sich durch den Wald kämpfen, in glühender Hitze, von Dornen zerkratzt und Moskitos zerstochen, von Bremsen, Mücken und anderen blutrünstigen Insekten gepeinigt. Endlich kamen wir am Rand eines ovalen Cenote an, der eine Breite von ungefähr 15 Metern hatte. Man konnte den dunklen Wasserspiegel, von einem wolkigen Grün, mehrere Meter unter sich sehen. Um ins Wasser zu gelangen, musste ich Zweige entfernen und sieben oder acht Metern tief springen. Es war nicht gerade ein Ort, der zum Tauchen verlockte! Und doch hieß dieses Loch *Stargate*, »Sternentor«, und es hätte keinen passenderen Namen tragen können.

Ich sprang also in den Schacht und fand mich in finsterem, grünlich braunem Wasser wieder. Sehr bald entdeckte ich jedoch, dass die Sonnenstrahlen, die in den Schatten drangen, seltsame Muster an der Oberfläche malten, von einer hinreißenden Feinheit und Zartheit. Das Wasser war so trübe, dass ich meine Fingerspitzen nicht sehen konnte, wenn ich die Hand ausstreckte. Zum Glück hatte ich eine Taschenlampe dabei. Dann bin ich getaucht, ich stieß mich mit den Flossen hinunter, und nach ungefähr einem Dutzend Metern wurde das Wasser plötzlich kristallklar. Da die Sonnenstrahlen nicht bis hierher durchdrangen, musste ich den Schacht mit meiner Taschenlampe ausleuchten, und da erschienen weiße Stalaktiten und Stalagmiten vor meinen Augen, die das Licht auf dem Wasser wunderbar durchscheinend widerspiegelten. Der Cenote reichte bis auf 117 Meter Tiefe hinunter und wies eine Vielzahl von Seitengängen auf, die es zu erkunden galt und von denen viele noch nie betreten worden waren.

Ich fühlte mich wie in einem Science-Fiction-Film, denn wenn man unter etwa zehn Meter abstieg, war es, als ob man eine Mauer überwand und jenseits des Spiegels in einer anderen Welt landete. Ich hatte nicht mehr das Gefühl zu schwimmen, sondern am Himmel zu fliegen, mich mit den Flossen durch die Luft zu stoßen. Die Kalkformationen in ihrem blendenden Weiß – Stalaktiten und Stalagmiten – begleiteten uns, indem sie das Licht zurückwarfen.

Ich stieg weiter ab, und es war so schön, dass ich keine Lust verspürte, wieder aufzusteigen. Es war eine ganz außergewöhnliche Erfahrung. Die ersten Meter flößten mir ein Gefühl der Ohnmacht, ja der Angst ein, trotz der faszinierenden Zeichnungen, die die Sonne im Wasser entstehen ließ. Du hebst den Kopf und fühlst dich von dem Dach aus Felsen und Ästen erdrückt, das den Himmel verdeckt. Wenn du dann absteigst, hast du das Gefühl zu fliegen, so leicht und durchsichtig ist das Wasser. An der Oberfläche ist das Wasser süß, weiter unten salzig, denn der Cenote ist durch seine Seitenhöhlen mit dem Meer verbunden. Ich stieg in Apnoe hinunter, um all die Höhlen zu erforschen, hätte ich aber Flaschen gebraucht. Es war eines der schönsten Erlebnisse, das ich je hatte, vielleicht, weil es so irreal war.

Die Shaolin-Mönche

Wenn ich in ferne Länder reise, öffne ich mich den Menschen, den Landschaften, einer neuen Lebensweise, ich versuche zu lernen, was ich nur kann, und sauge alles auf, was die Bewohner des betreffenden Landes mir nur vermitteln können. Ich bin immer mit dem Ziel gereist, Menschen kennen zu lernen, Persönlichkeiten, die mir etwas beibringen können in dem Bereich, der mich interessiert: dem Meer, dem Apnoetauchen. Ich suche die Begegnung mit Menschen, die einen Bezug zu dem haben, was ich mit dem Atem und dem Wasser tue. Ich wollte mit eigenen Augen sehen, was Mayol mir mit so viel Leidenschaft geschildert hatte, und ich bin in seine Fußstapfen getreten. Meine Reisen waren tief von seinen Berichten geprägt.

Jacques Mayol hatte sich mehrmals in einem buddhistischen Tempel aufgehalten, und durch die Dreharbeiten für *Ocean Men* kam ich ebenfalls mit buddhistischen Mönchen in Kontakt. Es war in China, in der Provinz Henan, die auf über 700 Kilometern vom Gelben Fluss durchzogen ist. Henan bedeutet »im Süden des Stroms«. Obwohl eine der kleinsten chinesischen Provinzen, hat Henan über 90 Millionen Einwohner. Ich reiste zuerst mit dem Filmteam nach

Peking, dann nahmen wir ein Flugzeug, das uns in zweieinhalb Stunden in die Stadt Zheng Zhou im Zentrum des Landes brachte, und nach weiteren drei Stunden auf der Straße kamen wir in das »Tal der Tempel«, in dem die Klöster der Shaolin-Mönche stehen.

Es ist ein sehr schönes Tal, durch dessen Mitte ein großer Fluss fließt. Hier leben zahlreiche Kinder und Jugendliche, die mit vier, fünf oder zehn Jahren in diese Kung-Fu-Akademie eintreten, um Mönch zu werden oder, wenn sie einen anderen Weg wählen, zumindest von der Eliteausbildung zu profitieren. Sie lernen den ganzen Tag, absolvieren ihre Kurse, trainieren pausenlos. Sie haben nur einen freien Tag in der Woche, an dem sie zum Fluss hinuntergehen und ihre Kleider waschen. Sie leben in den Klostereinrichtungen, und die Besten unter ihnen werden für die angesehensten Schulen ausgewählt und weiterhin intensiv gefördert. Wer diese Akademien absolviert hat und nicht im Kloster bleiben will, kann Schauspieler werden, wie Bruce Lee zum Beispiel, oder Leibwächter oder einen wichtigen Posten in der Verwaltung annehmen, denn im Unterschied zu anderen Universitäten erhalten die Schüler hier eine vollständige körperliche, geistige und spirituelle Ausbildung. Es ist eine einzigartige Institution, die sich im Laufe von Jahrhunderten herausgebildet hat und somit auf eine sehr lange Geschichte zurückblickt.

Das erste Kloster wurde 495 von einem indischen Mönch namens Batuo erbaut, mit der Unterstützung des Kaisers Xiaowen, der für die Ausbreitung des Buddhismus in China sorgte. 527 kam ein anderer indischer Mönch, Bodhidarma, nach Shaolin, der Begründer des chinesischen Buddhismus, der den Gedanken aufbrachte, dass Kampfsport zur harmonischen Entwicklung von Körper und Seele beiträgt. Die Shaolin-Mönche haben eine wechselhafte Geschichte hinter sich, als Folge der Unruhen, die das Land durchlebte, aber sie haben sich immer gehalten, und ihr traditionelles Bild ist tief in der chinesischen Kultur verankert. Sogar Mao Tsetungs Kulturrevolution haben sie ohne allzu große Schäden überstanden.

Ihre Bewegungen sind den Tieren des Waldes abgeschaut, ihren Kämpfen und Listen, und fließen in die eigenen Kampfpositionen mit ein. Beim Angriff der Schlange zum Beispiel, des Falken, des Affen nimmt der Kämpfer jeweils die Gestalt des fraglichen Tieres an.

Eigentlich war ich in das Tal der buddhistischen Tempel gekommen, um die Fernsehversion von *Ocean Men* zu drehen, aber ich entschied mich, länger zu bleiben, denn alles, was bei den Shaolin-Mönchen vorging, übte eine große Faszination auf mich aus. Man sieht hier Kinder und Jugendliche bis zu 16 Jahren, die den ganzen Tag in der Natur verbringen und Kung-Fu üben, die aber vor allem lernen, das Qi oder Chi zu verstehen und zu erfassen, das heißt die positive Lebensenergie, die in der Luft existiert, in der Natur, in den weiten Räumen. Es gibt keine genaue Übersetzung für das Qi, ein Wort, das über 17 verschiedene Bedeutungen besitzt. *Gong* bedeutet »ständiges und regelmäßiges Training«. *Qi gong* ist also am besten mit »Beherrschung der Lebensenergie« zu übersetzen.

Um das zu erreichen, muss man lernen, die positive Wirkung des Qi einzufangen. Die Ausbildung in den Shaolin-Klöstern setzt in drei Bereichen an: Abbau der körperlichen Spannungen mit Hilfe von Tai-Chi-Übungen, Beherrschen der Atmung und Abbau von geistigem Stress. Als Erstes lernen die Schüler bestimmte Bewegungsabläufe, die sehr weich, sanft, gut koordiniert und fließend sind, um die körperlichen Spannungen abzubauen. Daraus entsteht das Tai-Chi, jene traditionelle chinesische Kunst, die auf der Dualität von Yin und Yang basiert, die aktive Entspannung mit einer Reihe von Bewegungsabläufen und dem Aufbau von Energie verbindet und zu einem Kampfsport werden kann. Als Nächstes lernen die Schüler, ihre Atmung zu beherrschen. Mit ihrer Atemtechnik gelingt es ihnen, negative Gedanken auszuschalten und ihren Geist zu läutern.

Mich interessierte vor allem, wie die Mönche atmeten, ich wollte ihre Techniken verstehen lernen und herausfinden, wie ihre Art sich zu bewegen, ihr Verhalten das Geistige positiv beeinflussen konnte.

Es gibt nichts Schwierigeres, als atmen zu lernen, wie Mayol immer sagte. Wir atmen von Geburt an falsch. Wir atmen fast nur mit dem Brustkorb, dem oberen Teil der Lungen, der zugleich der unwichtigste ist. Wenn wir unsere Lungen richtig nutzen wollen, müssen wir an ihrer Basis arbeiten, das heißt an dem Teil, der das größte Luftvolumen enthält, an den wir aber nicht herankommen, wenn wir nur automatisch atmen. Für die Arbeit am unteren Teil der Lunge muss man das Zwerchfell bewegen. Wenn man das Zwerchfell nach oben presst, leert sich die Lunge vollständig, und wenn man es nach unten drückt, füllt sie sich wieder. Im täglichen Leben tun wir jedoch das Gegenteil. Ich war bereits mit alternativen Atemtechniken vertraut, auch wenn man Jahre braucht, um sie wirklich zu beherrschen, da man seine Spontanatmung ändern muss. Mayol hatte mich die Techniken des Pranayama gelehrt.

Ich wollte also sehen, wie die Shaolin-Mönche atmeten, um etwas dabei zu lernen. Und ich werde nie vergessen, wie der junge Mönch, der mir das Tor zum Tempel öffnete, mich mit einer anmutigen, fließenden, unnachahmlichen Bewegung hereinbat, die einen großen inneren Frieden, eine vollkommene Gelassenheit verriet. Vielleicht weil die Mönche zehn Stunden am Tag trainieren, niemals im Haus, immer an der frischen Luft, denn einzig in der Natur kann man mit dem Qi in Kontakt treten. Ich wurde in eine Gruppe Jugendlicher aufgenommen, die von einem alten shaolinischen Meister unterrichtet wurde. Die Mönche können wählen, ob sie sich dem Kampfsport oder der Meditation verschreiben wollen. Der Meister, der zu den Kämpfern gehörte, musste ungefähr sechzig sein. Er war gezeichnet vom Alter, aber immer noch sehr schnell in seinen vollkommen linearen Bewegungen. Er ging am Stock, aber wenn er etwas demonstrierte, wurde sein Stock plötzlich zu einer fürchterlichen Waffe. Er führte mich bei den meditativen Mönchen ein, die den größten Teil des Tages im Tempel mit Meditation, Kontemplation, Atmung verbringen.

Ich unterhielt mich über einen Dolmetscher lange mit diesem Kriegermönch, um ihre Philosophie besser verstehen zu lernen, ihre Kultur, ihr Verhalten, ihre Ernährung, die Art, wie sie gehen, sich im Raum bewegen. Der Kung-Fu-Meister brachte mir die grundlegendsten Atemübungen bei, die mir sehr geholfen haben, die ich zusätzlich zu meinen bisherigen Übungen absolvierte. Er sagte mir, dass das Qi, diese Energie, die man nicht sehen kann, in der Natur immer vorhanden ist. Das Blatt bewegt sich, weil es mit der Energie verbunden ist, der Fluss, der über seine Ufer steigt und alles mit sich fortreißt, ist ein Beweis für die Kraft der natürlichen Energie, und je näher wir der Natur bleiben, desto größere Stärke erwerben wir auch selbst, werden körperlich und geistig gesund. Er sprach oft von der Bedeutung der Natur, der Sonne, denn das Qi kommt von der Sonne und den weiten Räumen. Er dachte vermutlich an das breite Tal zwischen den Bergen, in dem sich die Tempel befinden. Für mich dagegen war der weite Raum par excellence das Meer, das drei Viertel unseres Planeten bedeckt. Die Energie, die die Mönche an ihrem herrlichen Ort einfingen, mit der Luft der Berge, den Tempeln, den Buddha geweihten Statuen, war sicherlich auch im Ozean zu finden. Der Mönch sagte mir auch: Wenn das Qi ein Teil von dir werden soll, musst du täglich über Jahre hinweg üben. Man kann keine Ergebnisse in wenigen Wochen erzielen. Man muss tief überzeugt sein und jeden Tag die körperlichen Übungen machen, die Atem-, Konzentrations- und Entspannungsübungen.

Ich beobachtete fasziniert, wie die Menschen hier es fertig brachten, bestimmte Dinge körperlich zu beeinflussen, und das nur mit ihrer geistigen Energie, durch die Kraft ihrer Gedanken. Ich habe Kinder gesehen, die einen gefährlichen Doppelsprung auf dem Tisch machten und unversehrt auf dem Kopf landeten. Ich habe zerbrechliche alte Leute gesehen, die eine Glasplatte mit Nadeln durchbohrten. Die Kung-Fu-Mönche sind in der Lage, ungeheure körperliche Kräfte zu mobilisieren, nicht, indem sie ihre Muskeln entwickeln, sondern indem sie an ihren Gedanken arbeiten. Wir haben gewaltige Potentiale, die wir nicht nutzen können, weil wir nicht geistig arbeiten. Es ist viel einfacher, körperlich zu arbeiten anstatt geistig. Aber mit geistiger Arbeit erzielt man viel bessere körperliche Leistungen als mit reiner Muskelarbeit. Mayol hat mir das oft gesagt, und bei den Shaolin-Mönchen begegnete ich den gleichen Prinzipien. Die unglaubliche Kraft der Mönche resultiert aus ihrer vollkommenen Beherrschung des Qi.

Das Leben der Shaolin-Mönche ist hart: Sie stehen um drei Uhr morgens auf, nehmen ein karges Essen zu sich und widmen sich den ganzen Tag ihren körperlichen und spirituellen Übungen. Es ist ein asketisches, ein intensives Leben, und die kurze Erfahrung, die ich machen durfte, indem ich eine Weile bei ihnen lebte, war ungeheuer wichtig für mich.

Ich wäre gern länger geblieben, wenn mir das Meer nicht allmählich gefehlt hätte. Ich wollte auch die japanischen Ama-Fischerinnen aufsuchen, und ich hatte nicht mehr viel Zeit.

Die Atemtechniken, die Mayol und der shaolinische Meister mich gelehrt haben, wende ich regelmäßig an. Ich atme mit dem Zwerchfell, sobald ich ins Wasser gehe und mich auf einen Apnoetauchgang vorbereite. Durch die lange Übung läuft das ganz automatisch ab. Für mich ist diese Technik eine der Grundvoraussetzungen, um mit Gelassenheit in die Tiefe abzusteigen.

Im Lauf meiner fernöstlichen Reisen war ich zweimal bei den Ama-Taucherinnen. Ama bedeutet »Frau des Meeres«. Die Taucherinnen leben in einer Gemeinschaft in ihren Dörfern und praktizieren das Apnoetauchen nach traditionellen Methoden und Riten, die 2.000 Jahre alt sind. Früher haben die Ama eine politische und religiöse Rolle gespielt und besaßen weitreichende Entscheidungsbefugnisse. Mayol hatte mir erzählt, dass die Ama noch vor wenigen Jahren umso wichtigere Aufgaben in der öffentlichen Verwaltung oder in der Politik erfüllten, je tiefer sie ins Meer abstiegen. In alter Zeit hatten sie eine religiöse Funktion und wurden einem quasi sakralen Bereich zugeordnet. Heute ist das anders, zum Glück für die Taucherinnen, denn die Arbeit, die sie zu tun hatten, war entsetzlich hart. Die Amas sind ursprünglich nackt getaucht, dann im Badeanzug, und das in Gewässern, die im Winter ziemlich kalt sein können (elf bis zwölf °C). Mayol hatte mir Fotos von Ama-Taucherinnen im Badeanzug gezeigt, die in einem Kahn sitzen und ein Feuer angezündet haben, um sich zu wärmen, denn sie blieben mehrere Stunden in Apnoe unter Wasser und lasen auf, was das Meer ihnen zu geben hatte: Austern, Krustentiere, Seeohren, diverse Muscheln, bestimmte Algen, Schwämme; alles, was essbar war, was verkauft werden konnte, wie die Perlen, oder auf die eine oder andere Weise im täglichen Leben verwendet werden konnte. Die Ama haben sich der heutigen Zeit angepasst: Sie tauchen nicht mehr in einem einfachen Badeanzug oder in einem weißen Kleid, sondern in dicken Neoprenanzügen. Aber im Gedenken an die alten Traditionen und aus religiösen Gründen tragen sie manchmal einen weißen Kimono und einen Schleier, den sie sich um den Kopf wickeln. Bei einem Unfall bringt die weiße Farbe sie so direkt in den Himmel, zum Meeresgott, dem Gott, den sie mit ihren Ritualen anrufen und grüßen, bevor sie tauchen. Die Ama wenden sich an diesen Gott, knüpfen spezielle Knoten, sprechen Gebete, dann stürzen sie sich ins Meer. Und wenn sie aus dem Wasser kommen, danken sie Gott dafür, dass er sie beschützt hat. Der weiße Schal hat auch noch eine andere, praktischere Funktion: Die Ama-Taucherinnen sagen, dass er die Haie vertreibt. Diese abschreckende Wirkung der Farbe Weiß auf Haie ist wissenschaftlich keineswegs erwiesen, aber sie sind davon überzeugt.

Die Ama tauchen auch mit riesigen Masken, mit denen sie nicht kompensieren können, und stopfen sich Silikonkorken in die Ohren, was sehr gefährlich klingt, denn der Druck presst den Korken gegen das Trommelfell. Trotzdem haben sie keine Probleme, entweder weil sie spezielle Techniken anwenden oder von Kindheit an trainiert sind und nicht kompensieren müssen. Sie erreichen keine großen Tiefen. Ich bin mit ihnen getaucht, um Dokumentarfilme zu drehen, und konnte feststellen, dass sie höchstens auf 15 bis 18 Meter absteigen. Sie haben kleine, extrem kurze Flossen aus Plastik, die komisch aussehen. Umgekehrt lösten meine Flossen, die zweimal so lang sind, großes Gelächter bei ihnen aus. Sie tauchen mit scharfen kleinen Messern, sammeln ein, was sie finden, und kontrollieren – immer noch in Apnoe – die Austernkulturen. Ihre Ausbeute geben sie entweder in ein kleines Netz unter Wasser, oder sie steigen auf und legen sie in Körbe, die an der Oberfläche schwimmen. Sie tauchen ungefähr eine Minute lang, vielleicht auch anderthalb Minuten, steigen auf, hyperventilieren und tauchen erneut, bis zu 50-mal hintereinander! Sie führen ein äußerst hartes Leben, daher werden es immer weniger. Aber bisher ist es ihnen gelungen, ihre Traditionen zu bewahren, ihre Art zu tauchen, zu fischen und zu leben, obwohl sie nicht allzu weit entfernt von den ultramodernen japanischen Großstädten wohnen.

Nur die Frauen tauchen unter Wasser. Die Männer, meist ihre Ehemänner, begleiten sie im Boot zu der Stelle, an der sie fischen.

So wird das seit Jahrhunderten praktiziert, denn es gilt als erwiesen, dass der Körper einer Frau sich besser an die Apnoebedingungen anpassen kann. Das ist auch in physiologischer Hinsicht richtig: Frauen verbrauchen weniger Sauerstoff, haben einen elastischeren Thorax, die Häutchen oder Membranen, die bei den Kompensationsmanövern eine Rolle spielen, sind weicher und so weiter. Die hiesigen Fischer haben das vermutlich schon vor tausenden von Jahren entdeckt, denn die Männer leisten beim Tauchen nur Hilfsdienste. In letzter Zeit haben jedoch auch ein paar Männer zu tauchen angefangen.

Wenn die Ama in größere Tiefen absteigen wollen, nehmen sie Steine zu Hilfe, die an einer Schnur befestigt und durch einen Flaschenzug mit dem Boot verbunden sind. Sie tauchen hinunter, kommen am Grund an, lassen das Gewicht los, das sofort von dem Mann, der sie begleitet, hochgezogen wird, sie fischen, dann hängen sie sich an das Seil und lassen sich von der Person, die im Boot ist, an die Oberfläche hieven.

Heute gibt es nur noch ungefähr 400 Ama-Taucherinnen. 1935 waren es noch 3.000. Die meisten sind alt – manche tauchen noch mit siebzig –, und die jungen Frauen führen das harte Gewerbe nicht weiter, das nicht nur eine Arbeit, sondern fast eine Berufung ist, denn die Taucherinnen werden seit Jahrhunderten quasi als geweihte Persönlichkeiten angesehen. Die Ama reichen ihr Handwerk von Mutter zu Tochter weiter. Es gibt keine Schule für die angehenden Taucherinnen, die im Allgemeinen mit 14 Jahren anfangen. Sie fischen von Mai bis September, und jedes Jahr am 1. Juni wird ein Fest gefeiert, das ihnen gewidmet ist. Am Abend, wenn alle wieder an Land sind, zünden die Ama ein Feuer an und verzehren einen Teil ihres Fangs.

Ich hatte die Ehre, zu einem solchen Essen eingeladen zu sein, obwohl Männer normalerweise nicht daran teilnehmen dürfen. Ich war dabei, als sie den Gott des Meeres anriefen, ihn um Schutz für den Fischfang am nächsten Tag baten. Das sind Rituale, die von Generation zu Generation weitergegeben worden sind. Anscheinend sind sie auch wirksam, denn in 50 Jahren gab es keinen einzigen Unfall unter den Ama-Taucherinnen.

Ich bin mit ihnen getaucht. Wenn wir im Boot saßen, sangen sie immer, und ich brachte sie sogar dazu, *O sole mio* anzustimmen.

Ein amazonisches Sprichwort besagt, dass man einen Indianer weit vom Wald fortbringen kann, aber den Wald nicht vom Indianer. Das ist wahr, denn wer von klein auf vom Meer lebt, mit dem Meer lebt, trägt es immer in sich, auch wenn er sich von ihm entfernt. Und wenn du einen Fischer triffst, wenn du ihm zuhörst, spürst du die Heiterkeit, den Frieden, der von ihm ausgeht und den ihm das Meer gebracht hat. Das Meer ist eine Schule des Lebens, die dich formt, erschafft, abhärtet, stärkt, und wer das Meer kennt, wer mit ihm lebt, löst sich nie mehr davon. Wenn du solchen Menschen begegnest, manchmal am anderen Ende der Welt, geben sie dir immer etwas, du kommst sofort in Kontakt, selbst wenn du nicht dieselbe Sprache sprichst. So war es jedenfalls, als ich die Ama besuchte.

Brisbé

Eine grundlegende Erfahrung war für mich auch die Begegnung mit Brisbé, einem Fischer auf den Malediven, den ich auf einer meiner Reisen zu einer kleinen Insel im Felidu-Atoll kennen lernte. Er hat mir den wohl wichtigsten Rat gegeben, den es beim Apnoetauchen gibt. Manche Lehrer beschränken sich darauf, den Stoff, den sie beherrschen, in einem genau definierten Rahmen zu vermitteln. Der Meister ist viel mehr. Er besitzt die Gabe, sich in die Person, an die er sich wendet, hineinzuversetzen und richtungweisende Ratschläge zu erteilen, selbst wenn er das Gebiet nicht kennt, in dem der Betreffende sich betätigt. In diesem Sinne war Brisbé mein

Meister. Er konnte nicht schwimmen und hat mir trotzdem eine kostbare Tauch- und Lebenslektion erteilt. Ich war zum Trainieren auf die Malediven geflogen, und als ich eines Tages hinter der Korallenbank tauchte, kam ein alter Fischer mit ein paar jüngeren Männern, vielleicht seinen Söhnen, in einem *dhoni* daher, dem typischen kleinen Kahn dieser Inseln, mit länglichem Rumpf und einem abgerundeten Bug und Heck. Der alte Mann und seine Begleiter beobachteten mich einen Augenblick lang, dann entfernten sie sich diskret. Ich trainierte weiter und kehrte in den kleinen Hafen der Insel zurück. Am Abend saß ich auf der Mole und angelte, einen Nylonfaden in der Hand. Plötzlich kam der Fischer auf mich zu, der mich morgens beim Tauchen angetroffen hatte. Er stellte sich vor, in einem gebrochenen Englisch, sagte mir, dass er Brisbé heiße und meine Art zu tauchen ihm sehr gefallen habe. Und, so fuhr er fort, er würde mir gern einen Rat geben, auch wenn er nur ein alter Fischer sei, der nicht einmal schwimmen könne.

Der Mann hielt eine Kokosnuss in der Hand. Er schlug sie auf und ließ die weiße Milch ins Meer fließen. Dann bückte er sich, sammelte ein Korallenstück auf, warf es ins Wasser und sagte zu mir: »Wenn du tauchst, denk immer an eines: Sei wie die Kokosmilch und nicht wie die Koralle. Denn die Koralle bleibt, was sie ist, aber die Kokosmilch löst sich im Meer auf, sie ist schon eins mit dem Meer geworden.«

Der alte Mann war Mayol nie begegnet, er konnte nicht wissen, was Jacques mir immer wieder eingeschärft hatte: »Beim Apnoetauchen darfst du dich nicht dem Meer entgegenstellen, so dass dein Körper auf der einen Seite ist und das Meer auf der anderen, sondern du musst mit jeder Faser deines Seins mit dem Wasser verschmelzen. Wenn du mit dem Bewusstsein, ein Mensch zu sein, in die Tiefe gehst, aber nicht mehr das Bedürfnis zu atmen verspürst, dann weißt du, dass du ein Apnoist von Weltrang geworden bist.«

Der alte Fischer mit seinem von Salz und Sonne zerfurchten Gesicht hatte mir mit dieser einfachen Geste etwas begreiflich gemacht, das ich vielleicht noch nicht wirklich erfasst hatte: die Notwendigkeit, völlig mit dem Wasser zu verschmelzen. Das ist eine der wichtigsten Lektionen, die ich jemals bekommen habe.

Kurz vor meiner Abreise schenkte Brisbé mir eine Halskette aus schwarzen Korallen, die er eigenhändig angefertigt hatte. Er legte sie mir um den Hals und sagte: »Behalte sie immer bei dir, wenn du in die Tiefe gehst, du wirst sehen, dass sie dir Glück bringt.« Mehr als sechs Jahre sind seit meiner Begegnung mit Brisbé vergangen, und ich glaube wirklich, dass die Kette mir viel Gutes gebracht hat. Ich habe sie immer getragen, wenn ich einen wichtigen Wettkampf zu bestreiten hatte, und ich bewahre sie sorgfältig auf. Ich könnte auch sagen, dass Brisbés Kette aus schwarzen Korallen mein Talisman war.

Terushige

Terushige ist ein japanischer Fischer, der in Zamami lebt, auf dem Kerama-Archipel, mehrere Meilen südlich von Okinawa, und dort bin ich ihm begegnet. Das Wasser um die beiden Inseln ist kristallklar. An manchen Stellen beträgt die Sicht 70 Meter, und ich konnte das Helldunkel der Korallenbank von weitem sehen. Es ist ein zauberhafter Ort. Terushige bedeutet »die Sonne, die aufgeht«. Ich verbrachte mehrere Wochen mit dem Fischer, der auch tauchte und trotz seines hohen Alters – er war mindestens 70 – mit mir in die Tiefe stieg, wenn ich trainierte. Er trug weiße Unterhosen und ein weißes Unterhemd, um sich vor der Sonne zu schützen, und setzte eine kleine Holzbrille zum Tauchen auf. Wenn man eine Tauchermaske trägt und in große Tiefen taucht, saugt sich die Maske durch den Druck am Gesicht fest. Dann muss man die »Maske kompensieren«, das heißt in die Maske atmen, damit sie sich vom Gesicht löst. Das geht aber nur, wenn die Nase innerhalb der Maske ist. Der alte Fischer mit seiner kleinen Holzbrille, die seine Nase nicht umschloss, konnte nicht kompensieren. Sein Gesicht war von Salz, Sonne und Wind zerfurcht. Ich begleitete ihn, wenn er zum Fischen ging, und wir tauchten zusammen. Ich achtete auf die Art, wie er sich bewegte. Er tauchte seit frühester Kindheit und bewegte sich auch jetzt noch, mit 70 Jahren, mühelos unter Wasser. Wir hatten einen japanischen Jungen dabei, der für mich übersetzte, obwohl er den Dialekt, den Terushige sprach, nur schwer verstehen konnte. Ansonsten kommunizierten wir per Zeichensprache, und wenn wir uns wirklich nicht verständigen konnten, zeichnete er in den Sand, was er sagen wollte, oder ritzte es mit einem kleinen Messer in den Bootsrumpf.

Terushige erzählte mir, was er in seinem Leben unternommen hatte, schilderte mir seine Abenteuer, die Kriegszeiten, in denen er, wie die anderen Bewohner des Archipels, nur dank der Fische überlebt hatte. Er erklärte mir seine Fangmethoden, wie der Mond die Gezeiten beeinflusst und vieles mehr. Er wies mich auf Erscheinungen hin, die dem nicht geschulten Auge entgehen: subtile Nuancen in der Farbe des Meeres, die Form der Wellen und ihre Bedeutung. Er hatte eine ganz eigene Art zu beobachten. Seine Augen suchten ständig und sorgfältig den Horizont ab, als ob er auf die Ankunft eines Schiffes oder das Auftauchen einer Haifischflosse wartete. Sein einziger Fehler: Er duldete keine Frauen an Bord, weil er überzeugt war, dass Frauen Unglück brachten, ein alter Aberglaube, der von Generation zu Generation weitergegeben wird und auch in anderen Gegenden der Welt zu finden ist. Terushige hat mir ein besseres Verständnis des Meeres vermittelt. Ich hatte zwar manches zu wissen geglaubt, aber er machte mir klar, dass ich zwar das Meer kannte, doch von der Küste aus, und dass die Furcht, die man beim Navigieren auf dem Ozean hat, etwas ganz anderes ist.

Ich bedaure es sehr, dass ich nicht die Sprache der Shaolin-Mönche, der Ama-Taucherinnen, der beiden Fischer Brisbé und Terushige spreche. Ich hätte ihnen viel mehr Fragen stellen und viel mehr Dinge verstehen, wichtige Nuancen erfassen können. Wenn man sich über einen Dolmetscher verständigen muss, ist das Spontane eines Gesprächs leider dahin. Man müsste alle Sprachen und alle Dialekte der Welt beherrschen!

Der Fischer auf den Philippinen

Ich machte mich auf die Suche nach den Badjaos, die Jacques Mayol mir als Fischer-Taucher beschrieben hatte, Nomaden des Pazifiks, die zwischen den zahllosen Inselchen leben, die die Archipele im Süden der Philippinen bilden. »Die Leute dort«, hatte Mayol mir versichert, »lernen schwimmen und tauchen, noch bevor sie gehen können.« Er hat oft von den Badjaos gesprochen, die in seinen Augen die besten Apnoisten der Welt waren. Leider ist es mir nicht gelungen, mit ihnen in Kontakt zu treten. Dagegen habe ich durch die Vermittlung eines Freundes einen Fischer getroffen, der auf einer abgelegenen Insel, fern von der Zivilisation lebt. Ich war mit meinem Freund im Boot auf ein kleines Eiland gegenüber von Snake Island gekommen, der »Insel der Schlangen«, die so heißt, weil das Meer dort von zahlreichen giftigen Schlangen verseucht ist. In Bezug auf den Menschen sind sie jedoch harmlos, denn sie können ihr Maul nicht weit genug aufreißen, um zuzubeißen. Der einzige menschliche Körperteil, dem ihr Biss gefährlich werden könnte, ist das Ohrläppchen. Die Schlangen sind natternähnlich, gestreift, ungefähr 80 Zentimeter lang und bewegen sich auf dem Meeresboden im Sand.

Auf dieser Insel begegnete ich dem Fischer, dessen Namen ich nicht kenne. Er war mit seinen Kindern in einer Art Auslegerpiroge unterwegs, die aus einem ausgehöhlten Baumstamm gefertigt war, wie man sie auch in Polynesien findet. Der Mann war sehr korpulent und sah wie über 50 aus, obwohl er erst um die 30 war. Er begrüßte uns herzlich, wie alle Inselbewohner, die ich im Laufe meiner Reisen getroffen habe. Wir folgten ihm in unserem Kahn. Nach einer Weile kamen wir an eine Stelle, wo er tauchen wollte. Auch dort war das Wasser kristallklar und durchsichtig. Der Mann nahm sein Holzgewehr, eine überdimensionale, unglaublich schwere Waffe, die vier Meter lang – fast die gesamte Länge des Kanus – und mit Gummibändern fixiert war. Neben unseren ultraleichten Karbonfasergewehren war es eine echte Antiquität! Um das Bild zu vervollständigen, trug er eine riesige Unterhose und eine winzige Holzbrille, ähnlich wie die von Terushige, und anstelle von Flossen nahm er runde Holzklötze, die er mit Schnüren an seinen Füßen festband, ein wenig wie Pingpong-Schläger. Mit diesen »Flossen« an den Füßen tauchte er wie ein Frosch ins Wasser.

Es war unglaublich: Nach ein paar Stunden im Flugzeug waren wir in einer anderen Zeit gelandet, in der wir uns um Jahrhunderte zurückversetzt fühlten. Und doch war der Mann in der Lage, mit seiner »prähistorischen« Ausrüstung, seiner kleinen Brille, seinem riesigen Gewehr, seinen Holzflossen auf 20 Meter abzusteigen, ohne zu kompensieren! Ich folgte ihm, ich wollte nicht fischen, sondern ihn nur beobachten. Er zielte auf einen Fisch von ungefähr 300 Gramm Gewicht – ich habe in dieser Region keine sehr großen Fische gesehen –, dann brachte er ihn nach oben. An der Oberfläche hielt er sich ein paar Augenblicke an der Piroge fest und ventilierte geräuschvoll, wobei er seltsame Geräusche aus seinem Mund von sich gab, dann tauchte er wieder hinunter. Er fing fünf oder sechs Fische, bis seine Kinder, die den Fang mit einem kleinen Messer säuberten und ausnahmen, ihm durch ein Zeichen zu verstehen gaben, dass es genug war. Da hielt er an, neigte den Kopf zur Seite und schüttelte kräftig sein Ohr, wie um das Wasser herausfließen zu lassen, das im Innern geblieben war, dann vollführte er das Gleiche auf der anderen Seite und stieg wieder ins Boot.

Er schnitt rohe Fischfilets ab, gab seinen Kindern davon, und sie aßen von dem Fang. Dann, nachdem er mich aufgefordert hatte, an ihrer Mahlzeit teilzunehmen, nahm er eine Hand voll Knoblauchzehen, verteilte sie in der Runde und verschlang selbst eine riesige Menge, wie es Mayol zufolge auch bei den Badjaos üblich ist. Mayol, der den Brauch übernommen hatte, weil es gut für die Atemwege sein soll, aß auch den ganzen Tag über Knoblauch. In der Hinsicht bin ich seinem Beispiel allerdings nicht lange gefolgt, weil ich sonst Ärger mit meiner Umgebung bekommen hätte. Bevor ich mich verabschiedete, schenkte ich dem Fischer meine Maske und meine Flossen, die er sorgfältig begutachtete, ehe er sich in seiner Piroge entfernte, unter dem lauten Gelächter seiner Kinder, die mir übermütig zuwinkten. Die Fischer hier fangen jeden Tag immer nur so viel Fisch, wie sie zum Leben benötigen.

Ein paar Flugstunden von den großen Städten entfernt wenden manche Fischervölker Tauchtechniken an, die man auch in Frankreich oder Italien kannte, als man noch nichts von dem Apnoetauchen wusste. Es ist ein Sprung zurück in der Zivilisation des *homo aquaticus*. Hier kann man nachvollziehen, wie der Mensch sich mit dem behalf, was ihm zur Verfügung stand, um in die Tiefe zu tauchen und dank der Meeresressourcen zu überleben, wie er die Mittel gefunden hat, in eine Umwelt einzudringen, die nicht die seine war. Ich habe zum Beispiel Fischer gesehen, die Öl auf die Wasseroberfläche gossen. Das Öl wirkte wie eine Lupe, die sichtbar machte, was unter dem Wasser war, so dass die Fischer sich den Tauchgang ersparen konnten, wenn es nichts Lohnendes zu holen gab. Mayol hat mir von alten Berichten erzählt, nach denen die Menschen, als es noch kein Glas, geschweige denn Tauchermasken gab, Öl in ihre Augen träufelten, um unter Wasser sehen zu können. Das zeigt, dass etwas von den alten Bräuchen bis heute lebendig ist. Auf irgendeine Weise gelingt es dem Menschen immer, die Schwierigkeiten und Hindernisse zu überwinden, auf die er stößt, wenn er eine Welt erforschen will, die nicht die seine ist, so wie die Meerestiefen.

Ich glaube, in ein paar Jahren wird man die größten Apnoisten unter den Völkern finden, die noch von dieser alten Form des Fischfangs, mit ihren rudimentären Tauchtechniken leben. Denn ihr Leben ist so eng mit dem Meer verbunden und seit so langer Zeit, dass sie Fähigkeiten besitzen, die unseren weit überlegen sind.

Die Apnoe, ein Seelenzustand

Heute ist es mein Ziel, möglichst vielen Menschen zu vermitteln, was Apnoetauchen ist, andere zu unterrichten und einzuführen, so wie Mayol es bei mir getan hat. Ich hatte immer Lust, die faszinierende Erfahrung weiterzugeben, die jeder Tauchgang für mich darstellt, aber der eigentliche Auslöser war der Tag, den ich in einem Mailänder Gefängnis verbrachte. Das passierte in der Zeit, als ich wegen meines perforierten Trommelfells mehrere Monate nicht tauchen konnte.

Einer meiner Freunde, der Sportlehrer im Gefängnis San Vittore in Mailand war und sich besonders um drogenabhängige Strafgefangene kümmerte, hatte mit Kollegen eine wöchentliche Veranstaltungsreihe organisiert, in deren Rahmen bekannte Persönlichkeiten aus der Welt des Theaters, des Sports, der Kultur von ihrer Arbeit erzählten, um den Gefangenen ein Fenster in die Außenwelt zu öffnen. Dieser Freund schlug mir also vor, einen Vortrag über Apnoetauchen zu halten. Ich hatte auch vorher schon in der Öffentlichkeit gesprochen, aber meist vor Leuten, die bereits selbst tauchten und mit denen ich vor allem technische Probleme diskutierte. Es war das erste Mal, dass ich vor einer Gruppe von Jugendlichen stand, die so massive Schwierigkeiten hatten, und ich war ziemlich eingeschüchtert. Ich wurde von meinem Freund und einem Psychologen der Haftanstalt in einen breiten Flur geführt, wo ein Bildschirm und ein Videorekorder aufgestellt waren, damit ich meine Videokassetten zeigen konnte. Nach einer Weile kamen ungefähr 200 junge Strafgefangene in Begleitung ihrer Wärter und setzten sich mir gegenüber. Im ersten Moment war ich ein wenig verkrampft, dann begann ich zu sprechen, und ich spürte, dass ihr Interesse allmählich erwachte. Ich führte einen Film vor, gab Erklärungen, dann legte ich eine andere Kassette ein und versuchte ihnen begreiflich zu machen, dass hinter einem Rekord von wenigen Minuten monatelange Arbeit steckt, dass es eine unglaubliche Willenskraft und unermüdliches Training kostet. Das Eis war dann zwischen uns gebrochen. Am Schluss der Veranstaltung zeigte ich noch einen Film über meinen 123-Meter-Tauchgang, und da erhoben sie sich alle und klatschten begeistert.

Plötzlich sprang einer der Jugendlichen auf und kam auf mich zu, und die Wärter stürzten sich auf ihn, um ihn zurückzuhalten. Er machte sich los und erklärte, dass er mir nur die Hand geben wolle. Die Wärter ließen ihn zu mir, und er bedankte sich und sagte schüchtern: »Wenn du es geschafft hast, aus 123 Meter Tiefe wieder raufzukommen, dann schaffe ich's auch, aus der Scheißgeschichte rauszukommen, in die ich mich reingeritten habe.« Und dann ging er weg. Ich spürte, wie mir ein Schauer über den Rücken lief. Ich folgte ihm mit den Augen, bis er aus meinem Leben verschwunden war.

Im letzten Jahr rief mich mein Freund, der Sportlehrer, an und erzählte mir, dass der besagte Strafgefangene schon seit längerer Zeit wieder draußen war, dass er eine Familie gegründet hatte und vor kurzem Vater geworden war. Den Sohn hatte er Umberto genannt, zur Erinnerung an unsere Begegnung.

Es war das erste Mal, dass ich mich nützlich fühlte, und ich entdeckte, dass es mir Spaß machte, anderen etwas zu beizubringen.

Im nächsten Jahr habe ich vor, bei »Ärzte ohne Grenzen« in einem Krankenhaus in Kenia mitzuarbeiten, dann will ich einen Freund besuchen, der eine Schule in Amazonien gegründet hat, wo ich Mathematik unterrichten werde. So viele Menschen haben sich in meiner Wettkampfzeit um mich gekümmert, waren immer bereit, mir zu helfen und mir das Leben zu retten, wenn ich in Gefahr war. Ich möchte etwas von der großen Anteilnahme und Zuwendung, die ich erhalten habe, an andere weitergeben.

1995 habe ich mit Renzo Mazzarri, dem dreifachen Weltmeister in der Unterwasserjagd, eine Schule gegründet, die Apnoe-Akademie, die sich in ganz Italien und mehreren anderen Ländern durchgesetzt hat. Unser System beruht auf vier Grundpfeilern: Didaktik, Verbreitung, Forschung, Wettkampf, ein Programm, an dem nicht nur erstklassige Taucher beteiligt sind, sondern auch Wissenschaftler, die ihre Forschungen durchführen. In dieser Tauchschule kann man drei gestaffelte Zertifikate (I bis III) erwerben und einen Abschluss als Apnoelehrer machen. Gegenwärtig zählt die *Apnea Academy* 300 Freediving-Lehrer plus ungefähr 30 in der restlichen Welt. Ich bilde auch Apnoetauchlehrer im Club Méditerranée aus. In den Clubdörfern gibt es inzwischen Freediving-Schulen, die die Unterrichtsmethoden der *Apnea Academy* anwenden.

Ich wohne im Norden von Sardinien, in Santa Teresa di Gallura, einem Fischerdorf, das zwischen weißen Granitfelsen liegt, die vom Wind erodiert und abgeschliffen sind. Gegenüber sieht man Korsika, im Osten das La-Maddelena-Archipel, im Westen Capo Testa. Es ist ein Ort, an dem ich mich wohl fühle, wo das Mittelmeer sich in seinen schönsten Farben zeigt. Ich fahre gern mit den Fischern aufs Meer hinaus, diskutiere mit ihnen im Café an der Ecke, lausche ihren Geschichten und leite mit einem Freund, Tommasino Muntoni, in Santa Teresa eine Apnoetauchschule – das *No Limits Diving Center Mediterraneo*. Die Tiefen sind hier noch voller Meerestiere: Zwischen großen Granitfelsen, die mit rosa und schwarzen Korallen und farbenprächtigen Hornkorallen überzogen sind, kann man dicke Muränen, Brassen, Seehechte und Hochseefische sehen. Seit dem letzten Jahr hat Tommasino das Gerätetauchen übernommen, während ich für die Apnoe-Abteilung im Diving Center verantwortlich bin. Im Sommer bieten wir mit anderen Lehrern Kurse an. Ich bin manchmal eine ganze Woche mit den fortgeschrittensten Teilnehmern unterwegs, um mit ihnen Tieftauchen zu trainieren.

Außerdem habe ich mit dem großen Apnoisten Stefano Tovaglieri ein Handbuch der Apnoetechniken zusammengestellt, *Corso di apnea* (Apnoekurs), das 2002 erschienen ist und alle Themenfelder abhandelt, die in dieses Gebiet gehören, vom psychologischen Zugang bis zu den Trainingsprogrammen.

In Zukunft werde ich sicherlich bei mehreren Dokumentarfilme mitwirken, und zurzeit moderiere ich eine Fernsehsendung, *Sai perché* – Weißt du, warum? –, die auf dem Kanal Rete Quattro ausgestrahlt wird. Es ist ein populärwissenschaftliches Programm, und in jeder Sendung werden diverse Fragen beantwortet. Ich arbeite mit einer anderen Moderatorin zusammen, Barbara Gubellini, wobei ich hauptsächlich für alles zuständig bin, was mit dem Meer zu tun hat. Wir sind durch die ganze Welt gereist, auf die Kanaren, unter anderem ans Rote Meer, nach Afrika, Kalifornien und Florida, um Beiträge zu drehen und vor Ort Dokumentarfilme oder Reportagen vorzustellen, die meistens von der BBC, dem Discovery Channel oder National Geographic hergestellt worden sind.

Es gibt jedoch ein Projekt, das mir besonders am Herzen liegt: Ich würde gern eine Stiftung ins Leben rufen, mit dem Ziel, die Menschen für die Bedrohung der Meere zu sensibilisieren, auf die schrecklichen Folgen der Zerstörung aufmerksam zu machen, die wir gegenwärtig durch Erdölbohrinseln, wildes Entgasen, Ölpest, chemische Industrien, die ihren Müll in den Häfen abladen, und bestimmte Formen des industriellen Fischfangs erleben ... Ich möchte das Meine dazu beitragen, unsere Meeresböden, die Flora, die Fauna zu erhalten. Man könnte den Kindern in der Schule Filme zeigen und ihnen erklären, wie wichtig es ist, die Ozeane zu schützen. Ein ökologisches Verständnis entwickeln, aber unabhängig von jeder Parteipolitik, das wäre mein Ziel. Es ist ein Projekt, an dem ich mit anderen Leuten arbeite und welches Zeit braucht, das aber unverzichtbar ist, denn wie Mayol sagt: »Der Mensch wird niemals aussterben, solange er noch träumen kann. Und der Traum vom Homo delphinus wird so lange leben, wie der Mensch das Meer schützt.«

Die Apnoe ist wie Schokolade

Das Meer ist für mich nicht einfach eine Wassermasse: Manchmal bin ich auf Capo Testa, dem Kap, wo gewaltige Granitblöcke ins Meer stürzen, und ich schaue auf das Mittelmeer: Ich spreche mit ihm, ich werde böse, ich verfluche es, und dann mache ich meinen Frieden mit ihm. Ich wüte gegen das Meer, aber dann mache ich mir bewusst, dass ich ohne das Meer nicht leben könnte. Das Meer zeigt dir, wie klein du bist, wie ohnmächtig, und gleichzeitig gibt es dir das Gefühl, der Herrscher der Welt zu sein. Wenn du im Meer bist, dann bist du dir der ungeheuren Kraft der Natur bewusst, aber wenn du mitten im Ozean bist, mit 1.000 Meter Abgrund unter dir, mit den Sonnenstrahlen, die ihre Muster ins Wasser malen, in der totalen Harmonie, sagst du dir, dass niemand auf der Welt glücklicher sein kann als du. Du fühlst dich zugleich klein und riesig groß ... Die Gefühle, die Empfindungen, die du unter Wasser hast, können völlig widersprüchlich sein, je nach der Situation, in der du dich befindest. Aber wenn du nicht eine zugleich leidenschaftliche und vertraute Beziehung zum Meer hast, eine bestimmte Vision von ihm, ist es unmöglich, diese Empfindungen zu erleben.

Ich kann mich dem Meer anvertrauen. Ich betrachte es stundenlang, beobachte jede Welle, die gegen die Felsen rollt, die Muster, die der Schaum hinterlässt. Das ist, als würde man ins Feuer schauen: Millionen Gestalten erheben sich aus den Flammen und der Glut. So ist die Bewegung des Meeres: ruhig und stürmisch zugleich. Selbst wenn ich das Meer von außen betrachte, bin ich immer in ihm, immer in Kontakt mit ihm.

Wenn ich tauche, habe ich so intensive Gefühle, Emotionen, ich mache so unglaubliche Reisen, dass es mir nicht gelingt, sie wieder aufleben zu lassen, wenn ich aus dem Wasser heraus bin. Was ich unter Wasser empfinde, würde ich mit den Worten »Freiheit« und »Frieden« umschreiben. Immer weiter gehen, ohne auf Hindernisse zu stoßen, zugleich groß und klein sein, empfinden können, was du willst. Und die Euphorie, die Freude, auch wenn der Apnoist für sich behält, was er fühlt, teils weil die Leute ihn nicht immer verstehen, wenn er es zu erklären versucht, teils weil es ein Geheimnis ist, das er nicht preisgeben will.

Um wirklich zu begreifen, was man unter Wasser fühlt, muss man hinabsteigen: Man ist körperlich ein anderer Mensch, denn auf 150 Meter Tiefe schlägt das Herz sehr langsam – sieben oder acht Schläge pro Minute –, die Lungen haben die Größe eines Apfels, der Druck auf den Körper ist entsetzlich stark, man ist also ein anderer, und man bewegt sich in einer anderen Welt: kein Licht, kein Geräusch. Die Stille ist absolut, aber es ist eine beredte Stille. Nur der Herzschlag hallt sehr laut im Kopf wider. Die Empfindungen sind völlig anders, so dass es keine Worte gibt, mit denen man sie beschreiben könnte. Wenn man noch nie Schokolade gekostet hat und jemand versucht, einem den Geschmack zu erklären, versteht man nicht wirklich, worum es geht.

Das ist einer der vielen Widersprüche des Apnoetauchens: Einerseits will man erklären, begreiflich machen, was man erlebt, andererseits ist man beinahe eifersüchtig auf die Welt, die man als Einziger kennt und in die man regelmäßig – und fast wie heimlich – zurückkehrt. Dennoch überwiegt mit der Zeit das Bedürfnis, seine Erfahrungen mit anderen zu teilen. Der Schriftsteller Maurizio Maggiani hat in seinem Buch *Il Coraggio del pettirosso* (1996) sehr einfühlsam zum Ausdruck gebracht, was man bei einem Apnoetauchgang empfindet.

»Zunächst bist du wirklich, körperlich anders, wenn du elf bis zwölf Liter Luft in deine Lungen pumpst. Nicht nur, dass du leichter bist, nein, du bist in gewisser Weise größer, auch wenn das nicht sichtbar ist, denn die Weite des Raums ist innerlich. Der Thorax kann sich nicht endlos nach außen dehnen, aber die Wirkung, die von der aufgeblähten Lunge hervorgerufen wird, ist viel mehr als eine Empfindung, es ist das Bewusstsein der Leichtigkeit und Weite. Keine Bauchtänzerin, nicht einmal die berühmteste von Kairo, kann mit der Anmut eines Apnoisten beim Tauchen konkurrieren.

Die Tendenz, wieder an die Oberfläche zu steigen, die der mit Luft gefüllte menschliche Körper hat, macht sich nur auf den ersten Metern bemerkbar, dann schafft der Druck ein vollkommenes Gleichgewicht, und der Abstieg geschieht fast mühelos. Im selben Augenblick tritt etwas ungeheuer Schönes und äußerst Gefährliches ein: die Euphorie. So nennen es die Ärzte, die diese Dinge studieren: Euphorie. Ich nenne es ›meine Gottesnatur‹. Oder je nach meiner Stimmung: ›meine anarchistische Seite‹.

Es gibt eine physiologische Erklärung dafür, aber das ist nicht wichtig. Was zählt, ist die Wirkung, die sich einstellt, wenn du zehn bis zwölf Meter erreichst, eine gute Minute vergangen ist, wenn du wirklich ein Element des Meeres wirst, ein provisorisches Element, wenn nur ein sehr starker Wille dich abhalten kann, nicht mehr zu sein, denn nichts drängt dich nach oben, zur Erde und an die Luft hinauf. Eine sanfte und universelle Bewegung verleiht dir die Flossen eines Mantas und trägt dich ganz sachte immer tiefer, bis zu einer anderen Erde, einem Kontinent von unten her ...

Und du bist glücklich und fühlst dich als etwas Unendliches, du bist absolut glücklich, absolut frei. Ich für meinen Teil habe mir immer ein Plätzchen am Meeresgrund gesucht, ein schönes, weiches Algenbett mit ein paar Steinen, an denen ich mich festhalten konnte, und dort blieb ich, reglos, nur von der leichten Strömung bewegt, die über die Tiefen streicht, und betrachtete den Kontinent von unten her. Wenn du nach oben blickst, in das Licht, das heruntersickert, zu dem anderen Teil der Welt, mit allem, was du in ihr weißt, erfasst dich ein Schwindel vor diesem unwiderruflichen Fernsein.«

In meinen Kursen versuche ich die Grundlagen zu vermitteln, mit denen man arbeiten kann, in der Hoffnung, dass meine Gesprächspartner das Gleiche empfinden werden wie ich, und ich tue es, indem ich erzähle von dem, was ich erlebt habe, von meinen Erfahrungen und vielem anderen mehr. Bevor ich auf die Tauchleistungen oder was auch immer zu sprechen komme, will ich ihnen zunächst einmal die Wahrnehmungen und Gefühle nahe bringen, die ich unter Wasser habe. So wie Mayol mir auf Elba gesagt hatte: »Leg deinen Tiefenmesser weg, leg alles ab, und überlass dich den Empfindungen, die du unter Wasser hast.« Es ist schwierig, so etwas anderen Menschen zu vermitteln, vor allem in den Details. Das ist, wie wenn man eine Statue neu erschafft – man fängt mit der Form, den Konturen an und geht erst dann in die Details.

Die Apnoe hängt größtenteils von der geistigen Einstellung ab, von der Konzentration, die jemand aufbringen kann, aber wenn die Position unter Wasser nicht die richtige ist, wenn man die Beine nicht in einer bestimmten Weise bewegt, wenn man keine Nasenklammer aufsetzt oder den Mund nicht schließt, um zu kompensieren, dann braucht man gar nicht erst mit dem Tauchen anzufangen. Wenn man aber nur die Technik und das körperliche Training beim Tauchen einsetzt, kommt man nicht über eine bestimmte Tiefe hinaus. Beide Trainingsmethoden, die geistige und die körperliche, ergänzen sich also, aber für mich ist die geistige Komponente die wichtigere.

Rational oder irrational, totale Ruhe oder äußerste geistige Anspannung vor einem Wettkampf, übersteigertes Selbst und tiefe Demut – die Apnoe ist ein Ganzes aus lauter widersprüchlichen Elementen, die sich miteinander vermischen und nebeneinander existieren.

Das waren meine Empfindungen, als ich in dem Wrack von Silver Bank das Kreischen der Eisenkonstruktionen hörte und dem mächtigen Gesang der Wale lauschte oder wenn ich mit meinem Freund Jojo nach wilden Delfinen tauchte. Ich habe es auch bei Stefania gefühlt, die erst weder Wellen noch Strömung kannte, dann aber eines Tages ihren ersten Fisch fing, bevor sie mit ihren Artgenossen fortschwamm. Und schließlich auf den Bahamas, als ich im düsteren Wasser eines Schachts in die Tiefe tauchte und das Tor zu den Sternen durchschritt.

Meine Reise zu den Shaolin-Mönchen, die mir bewusst machte, dass wir nur einen winzigen Teil unserer Fähigkeiten nützen, meine Begegnung mit den Ama-Taucherinnen, die ihr Leben unter Wasser verbringen, um aufzusammeln, was das Meer ihnen zu geben hat, mein Austausch mit den Fischern am anderen Ende der Welt, die mir vor Augen führten, was das Wichtigste für mich ist, und vor allem die unbeschreiblichen, unvergleichbaren Gefühle, die der Mensch unter Wasser empfindet – das alles verdanke ich der Apnoe.

In meinem Buch *Profondamente* (1997) habe ich es so beschrieben:

»Von 0 auf minus 100 Meter und noch tiefer hinab, senkrecht in die Tiefe: Der Puls wird langsamer, der Körper verblasst, die Gefühle verschwimmen, nehmen neue Formen an. Ein langer Tauchgang in die Seele, die das ganze Universum in sich aufzunehmen scheint. Der Aufstieg ist jedes Mal ein Willensakt: Ich nehme wieder Besitz von meiner Seele, Meter für Meter, um zum Licht hinaufzukommen. Ich werde oft gefragt, was ich dort unten am Meeresgrund sehe. Die einzig mögliche Antwort ist vielleicht, dass ich nicht tauche, um etwas zu sehen, sondern um in mich selbst hineinzuschauen. In den Tiefen suche ich mich selbst. Das ist eine mystische Erfahrung, an der Grenze des Göttlichen. Ich bin grenzenlos allein mit mir selbst, aber es ist, als trüge ich die ganze Essenz der Menschheit in mir. Es ist meine menschliche Natur, die die Grenze überschreitet, die mit dem Meer zu verschmelzen versucht, die in sich selbst hineintaucht und sich findet.

Schreiben war nie mein Lieblingssport. Aber ich hatte etwas zu sagen. Was ich in der Apnoe empfinde, lässt sich nicht in Worten oder auch nur Gedanken mitteilen. Es ist eine ganz einzigartige Erfahrung. Aber da ich die Menschen nicht an der Hand nehmen und mit ihnen in den Ozean absteigen kann, fing ich an, auf meine Gefühle zu achten: Bei jedem Training analysierte ich sie, prägte sie mir ein, dann schrieb ich sie so schnell wie möglich nieder, um sie noch frisch und lebendig einzufangen und in Zeichen auf dem Papier zu verwandeln. Jedes Mal, wenn ich diese Worte wieder lese, leben starke Empfindungen in mir auf und setzen eine Fülle an Details frei. Und ich betrachte meine Emotionen, die frei und durchsichtig werden wie eine Unterwasserwelt. Ich lasse sie in mich einströmen, und schon ist mir alles wieder gegenwärtig, in seiner ursprünglichen Intensität, einfach und spontan. Jetzt kann ich erzählen, was ich am Meeresgrund sehe.«